Friedrich Wilhelm Weber

Dreizehnlinden

EINFACH DEUTSCH

Unverkürzte Original-Ausgabe
mit Erläuterungen des Dichters
und Bildern von K. Rickelt

Schöningh Verlag

Rechtschreibung und Zeichensetzung wurden den heute geltenden Regeln angepasst.

www.schoeningh-schulbuch.de
Schöningh Verlag, Jühenplatz 1–3, 33098 Paderborn

Druck 5 4 3 2 1 / Jahr 2012 11 10 09 08
Die letzte Zahl bezeichnet das Jahr dieses Druckes.

Umschlaggestaltung: Peter Wypior
Umschlagmotiv: Hof und Kirche des Klosters Dreizehnlinden.
Nach einem Stahlstich von R. Brendamour
Druck und Bindung: Friedrich Pustet, Regensburg

ISBN 978-3-14-022416-1

Friedrich Wilhelm Weber: Dreizehnlinden

Der Dichter

Friedrich Wilhelm Weber wurde am 25.12.1813 in Bad Driburg-Alhausen geboren.
Von 1826 bis 1833 besuchte er das „Theodorianum"-Gymnasium in Paderborn.
Während seines Medizinstudiums in Greifswald und Breslau machte er die Bekanntschaft mit Gustav Freytag und Hoffmann von Fallersleben. Er unternahm ausgedehnte Reisen nach Schweden, Italien und Frankreich.
1838 erhielt er den Doktor der Medizin. 1840 legte er das Staatsexamen in Berlin ab. Von 1842 bis 1867 wirkte er als Arzt in Bad Driburg.
Im Jahr 1850 vermählte er sich mit Anna Gipperich aus Düren.
1867 siedelte er nach Schloss Thienhausen bei Steinheim über und bezog schließlich 1887 ein eigenes Haus in Nieheim.
Sein Leben war geprägt vom Dienst am Mitmenschen. Diesen erbrachte er nicht nur in seiner ärztlichen Tätigkeit, sondern auch in der Ausübung politischer Ämter: Von 1854 bis 1860 war er Stadtverordneter in Bad Driburg, von 1862 bis 1893 Abgeordneter des Preußischen Landtags in Berlin.
1878 erfolgte die Veröffentlichung seines ersten Werkes „Dreizehnlinden", 1892 die Herausgabe der „Gedichte" und des Epos „Goliath".
Friedrich Wilhelm Weber starb am 5. April 1894 in Nieheim.
Sein dichterisches Werk ist in mehr als einer Million Exemplaren verbreitet. Sämtliche Werke können im Friedrich Wilhelm Weber Museum erworben werden.

Das Friedrich Wilhelm Weber Museum, Weberplatz 1, 33014 Bad Driburg-Alhausen

Friedrich Wilhelm Weber (1813–1894)

I. Aus dem Nethegau

1 Wonnig ist's, in Frühlingstagen
Nach dem Wanderstab zu greifen
Und, den Blumenstrauß am Hute,
Gottes Garten zu durchschweifen.

2 Oben ziehn die weißen Wolken,
Unten gehn die blauen Bäche,
Schön in neuen Kleidern prangen
Waldeshöh' und Wiesenfläche.

3 Auf die Bleiche bringt das Mädchen,
Was der Winterfleiß gesponnen,
Und dem Hain erzählt die Amsel,
Was im Schnee sie still ersonnen.

4 Sind es auch die alten Töne,
Die bekannten, längst vertrauten,
Doch die Bleicherinnen lauschen
Gern den süßen, lieben Lauten.

5 Gern den süßen, lieben Lauten,
Die in Berg und Tal erklingen;
Hirtenbub' und Köhlerknabe
Horchen auf, um mitzusingen;

6 Mitzusingen frisch und freudig
Nach des Winters langen Schmerzen;
All die halb vergessnen Lieder
Werden wach im Menschenherzen.

7 Halb vergessne alte Lieder
Werden wach in meiner Seele:
Hätt' ich nur, sie auszusingen,
Wilde Amsel, deine Kehle! –

8 Was die Linde mir erzählte,
Was der Eichenwipfel rauschte,
Wenn ich abends ihrer Blätter
Heimlichen Gesprächen lauschte;

9 Was die muntern Bäche schwatzten
Hastig im Bergunterrennen,
Wilde Knaben, die nicht schweigen
Und nicht ruhig sitzen können;

10 Was die Zwerge mir vertrauten,
Die in fernen Waldrevieren
Still in Spalten und in Klüften
Ihren kleinen Haushalt führen;

11 Was auf mondbeglänztem Anger
Ich die Elben lispeln hörte;
Was mich des ergrauten Steines
Moosumgrünte Inschrift lehrte:

12 Dies und was ich las in staub'gen
Lederbänden und in alten
Halb erloschnen Pergamenten,
Will zum Liede sich gestalten.

13 Nebelbilder steigen dämmernd
Aus der Vorzeit dunkeln Tagen;
Wispern hör' ich ihre Stimmen,
Freudenlaute, Zürnen, Klagen;

14 Männer, die vor tausend Sommern
Durch den Nethegau geschritten,
Heidenleute, Christenleute,
Was sie lebten, was sie litten;

15 Eines Sachsenjünglings Kämpfe
Mit dem Landesfeind, dem Franken,
Und in eigner Brust die schwersten
Mit den eigenen Gedanken;

16 Einer Jungfrau stilles Weinen,
Einer Greisin finstres Grollen,
Runensang und Racherufe,
Die aus Weibermund erschollen;

17 Frommer Mönche leises Walten
Im Konvent zu Dreizehnlinden,
Sanft bemüht, durch Lieb' und Lehre
Trotz und Wahn zu überwinden;

18 Ihre Hymnen, gottesfrohe,
Die bei Tag und Nacht erklangen,
Die den Sieg des Christenkreuzes
Jubelnd in die Berge sangen;

19 Und darein des Waldes Rauschen
Und dazu der Brandung Stöhnen:
Alles will zu einem Liede
Dumpf und hell zusammentönen.

20 Sei's, und sei es euch gesungen,
Die ihr wohnt an Ems und Lippe,
Ruhr und Diemel, Neth' und Emmer:
Alle seid ihr edler Sippe;

21 Alle sprecht ihr eine Sprache,
Frommer Mutter biedre Söhne,
Ob sie rau im Waldgebirge,
Weich in Sand und Heid' ertöne.

22 Kinder ihr der Sachsengaue,
Nehmt das Beste, das ich habe:
Gern gereicht, ist unverächtlich
Auch des kleinern Mannes Gabe.

23 Denkt, ich böt' euch Heideblumen,
Eine Handvoll, die ich pflückte,
Als mit herbstlich gelbem Laube
Sich bereits der Osning schmückte.

24 Rügt es nicht, wenn ich den Helden
In der Heimat Farben male;
Dünkt er manchmal euch ein Träumer,
Nun, er war ja ein Westfale:

25 Zäh, doch bildsam, herb, doch ehrlich,
Ganz wie ihr und euresgleichen,
Ganz vom Eisen eurer Berge,
Ganz vom Holze eurer Eichen.

26 Heut noch ist bei euch wie nirgend
Väterbrauch und Art zu finden;
Darum sei es euch gesungen,
Dieses Lied von Dreizehnlinden.

27 Doch ein Uhu murrt dawider:
„Rau sind deines Sanges Töne,
Und der Netheborn, der dunkle,
Deucht mir keine Hippokrene.

28 Lass das Leiern, lass das Klimpern!
O es schafft dir wenig Holdes;
Bessres Klingen, bestes Klingen
Scheint das Klingen mir des Goldes.

29 Und die eigne Haut zu pflegen,
Ist vor allem mir das Erste;
Bau im Garten deine Rüben,
Bau im Felde deine Gerste!

30 Lass die schimmligen Scharteken
Unterm Kessel rasch verrauchen;
Kohlen sind's, die wir bedürfen,
Dämpfe sind's, die wir gebrauchen!

31 All den Wust papierner Träume,
Grubenschätze, die vermodern,
Dass sie endlich nützlich werden,
Unterm Kessel lass sie lodern!

32 Nur das Einmaleins soll gelten,
Hebel, Walze, Rad und Hammer;
Alles andre, öder Plunder,
Flackre in der Feuerkammer.

33 Mag es flackern, mag es flammen,
Dass die Wasser sprühn und zischen
Und der Welt zerrissne Stämme
Hastig durcheinandermischen;

34 Denn das große Ziel der großen
Zukunft ist die Einerleiheit,
Schrankenloseste Bewegung
Ist die wahre Völkerfreiheit.

35 Lass das Klimpern, lass das Leiern,
Wer erfreut sich solchen Schalles?
Bessres Klingen, bestes Klingen
Ist das Klingen des Metalles." –

36 Gelber Neidhart, alter Uhu,
Wohl versteh' ich deine Meinung:
Bist du doch der seelenfrohen
Gotterlösten Welt Verneinung!

37 O du möchtest sie im Mörser
Erst zerstäuben und zerreiben,
Um in Tiegel und Retorte
Dann den Geist ihr auszutreiben!

38 O du würfst sie in die Arme
Gern dem Moloch unsrer Tage,
Dass sie ganz in Rauch zergehe
Nach Sibyllenwort und Sage!

39 Alter Uhu, gelber Neidhart,
Mag's dich ärgern und verdrießen:
Dennoch grünt ein reicher Garten,
Wo der Menschheit Rosen sprießen;

40 Dennoch blüht die weiße Lilie,
Und im Grottenheiligtume,
In des Waldes fernstem Tale
Träumt die stille blaue Blume.

41 Dennoch klingt es aus den Lüften,
Aus des Haines Dämmerungen,
Und die Amsel hat ihr letztes
Lied noch lange nicht gesungen;

42 Und die Nachtigall im Busen,
Sie wird jubeln, sie wird klagen
Jeden Lenz, solang auf Erden
Rosen glühn und Herzen schlagen.

II. Das Kloster

1 Süßer Schlag der Heidelerche,
Sonnenschein auf allen Hügeln!
Tauwind sang, durch alle Schluchten
Flog er rasch auf weichen Flügeln.

2 Lustig hüpften alle Brunnen
Aus den Bergen durch die Bäume,
Um im Tale zu erzählen
Ihre langen Winterträume;

3 Schwere Träume, und der kleinen
Zarten Elben frost'ges Schaudern
Und der Riesen lautes Schnarchen
Und der Zwerge kluges Plaudern.

4 Denn der Schnee begann zu schmelzen,
Bräunlich stand des Berges Gipfel,
Und ein Frühlingsahnen rauschte
Durch die grünen Tannenwipfel.

5 Aus den Tannenwipfeln ragte
Eines Türmleins spitzer Kegel,
First und Giebel eines Klosters
Nach Sankt Benediktus' Regel.

6 Jüngst erst waren weise Männer
Angelangt aus fremden Reichen,
Segensworte auf den Lippen,
In der Hand des Friedens Zeichen;

7 In der Hand die fromme Waffe,
Die mit Mut beseelt den Schwachen,
Die durch Huld bezwingt die Völker
Und besiegt, um frei zu machen;

8 Ernste Männer, viel geprüfte,
Die in harter Weltverachtung
Einsam sich der Arbeit weihten,
Dem Gebet und der Betrachtung;

9 Stille Siedler, die sich mühten,
Mit dem Spaten wilde Schluchten,
Wildre Herzen mit der Lehre
Lindem Samen zu befruchten.

10 Klugen Sinns und unverdrossen
Bauten sie mit Lot und Waage,
Winkelmaß und Säg' und Hammer,
Axt und Kelle Tag' auf Tage,

11 Bis es ihrem Fleiß gelungen,
Haus und Kirche fest zu gründen,
Bis der Brunnen rauscht im Hofe
Des Konvents von Dreizehnlinden.

12 In Gehorsam, Zucht und Armut
Schafften still die tapfern Streiter:
Reuteten des Urwalds Riesen,
Dorn und Farn und wüste Kräuter;

13 Zogen Wall und Zaun und Hecke,
Hirsch und Keiler abzuwehren,
Dass im Tale wohlumfriedet
Grünten menschenholde Ähren;

14 Zwängten ein den ungestümen
Strom durch Pfahlgeflecht und Dämme,
Pfropften milde Südlandsreiser
Auf des Nordens herbe Stämme.

15 Kräftig spross im jungen Garten
Akelei und Ros' und Quendel,
Blasse Salbei, Dill und Eppich,
Eberraute und Lavendel.

16 Aber noch ein andrer Acker
Blieb den Vätern: reicher Boden,
Tiefer Grund, doch schwer zu bauen
Und voll heidnisch wilder Loden.

17 Traun, da gab es viel zu rupfen,
Viel zu zähmen und zu zanken,
Viel zu zerren und zu zupfen
An den ungezognen Ranken!

18 Auf den braunen Eichenbänken
Saß die Brut der Sachsenrecken,
Junge Bären; Riesenarbeit
War's, sie bildend zu belecken.

19 Erstlich galt's, der Römerrunen
Fremden Zauber zu ergründen:
O ein dornenvolles Rätsel,
Dessen Lösung kaum zu finden!

20 Dann gefällig nachzubilden
All die wunderlichen Zeichen:
Hohes Ziel, nur auserwählten
Fingerkünstlern zu erreichen!

21 Doch am schwersten war's, des Kreuzes
Milde Botschaft zu erklären,
Denn gar manchen Flachskopf dünkten
Gotteswort und Heldenmären,

22 Weißer Christ und weißer Balder,
Lichte Engel, lichte Elben,
Jüngerschaft und Heerbannstreue
Ganz dasselbe, ganz dieselben.

23 Nur begabtre Schüler wurden
Höhern Zwecken zugeleitet
Und die sieben freien Künste
Lehrhaft ihnen ausgedeutet.

24 Schwer und ungelenkig waren
Noch der deutschen Zunge Laute,
Gleich den ersten Schritten eines
Hünenkinds im Heidekraute.

25 Rasch indes wie ehrne Pfeile
Klingend flog das Wort der Römer
Von den Lippen kurz und schneidig
Wie das Schwert der Weltbezähmer.

26 Willig bot es knappe Schärfe
Logikern und Exegeten,
Kraft und Fülle den Rhetoren,
Reim und Rhythmen den Poeten.

27 Preis den braven schwarzen Mönchen,
Preis den wackern Kuttenträgern,
Alles menschlich schönen Wissens
Frommen Hütten, treuen Pflegern!

28 Was auf Hellas' blauen Bergen,
Was einst am Tyrrhenermeere
Dichter sangen, Denker dachten
Später Welt zu Lust und Lehre;

29 Was der Geist geweihten Sehern
Offenbart' in Sturm und Stille,
Wort und Werk des Gottessohnes,
Als er ging in Manneshülle:

30 Von der Mönche Hand geschrieben
Blatt auf Blatt mit Müh' und Sorgen,
In den Truhen der Abteien
Lag es liebevoll geborgen.

31 Zärtlich ward der Schatz betrachtet,
Mit bescheidnem Stolz gepriesen
Und als Klosterhort dem fremden
Schrifterfahrnen Mann gewiesen.

32 Solch ein kostbar Gut zu sichern
Treu dem künftigen Geschlechte,
Schrieben sie, die braven Mönche,
Sommertag' und Winternächte.

33 Rot und blau und grün und golden
Schimmerten die Anfangslettern,
Reich umrankt von Blumendolden
Und von traumhaft bunten Blättern.

34 Rührend bat der fromme Schreiber
An des langen Werkes Ende,
Dass man seiner armen Seele
Des Gebets Almosen spende.

35 Trutziglich, wie schwarze Krieger,
Lanzenknechte der Konvente,
Standen Glied an Glied die Runen
Auf dem weißen Pergamente.

36 Ja, sie sind's, die schwarzen Krieger,
Die von einer weggestürmten
Schönheitswelt die letzten Inseln
Rettend vor den Wogen schirmten!

37 Weht dir aus des Mäoniden
Sängen, wie aus Meeresrauschen,
Tiefes unerkanntes Sehnen,
Was dich zwingt zum Weiterlauschen;

38 Mahnt der Zorn des letzten Römers,
Gott und Vaterland zu ehren,
Drängt er, vor dem Bild des Lasters
Dich der Tugend anzuschwören;

39 Strömt dir aus dem Buch der Bücher
Kraft und Trost im Kampfgewühle
Wie dem matten Wüstenwaller
Aus des Palmenquelles Kühle:

40 Sei gedenk der wetterfesten
Lanzenknechte der Konvente,
Sei gedenk der schwarzen Krieger
Auf dem weißen Pergamente! –

41 Auch zu rauerm Dienste stählten
Die Geschornen ihre Kräfte:
Schicklich wussten sie zu führen
Bogen, Beil und Lanzenschäfte,

42 Waren Feinde zu verjagen,
Die des Feldes Frucht verbrannten,
Oder Räuber, die der frommen
Spendebringer Weg verrannten;

43 Oder war ein Festtagsbraten
Zu erpirschen in den Forsten,
Sei's ein stolzer Sechzehnender,
Sei's ein Bursch mit Wehr und
Borsten. –

44 Also übten sie beständig
Friedenswerk und Kampfespflichten,
Doch der Arbeit für der Seele
Heil vergaßen sie mitnichten.

45 Früh und spät zum Himmel schallte
Ihrer Hymnen und Gebete
Bange Klage, die für alle
Und für sie um Einlass flehte. –

46 Süßer Schlag der Heidelerche,
Sonnenschein auf allen Hügeln!
Tauwind sang, durch alle Schluchten
Flog er rasch auf weichen Flügeln.

47 Friedensboten, Himmelsschlüssel
Sprossen auf der jungen Aue,
Und ein frohes Frühlingsahnen
Rauschte durch die Sachsengaue.

III. Auf dem Habichtshofe

1.

1 Elmar, Herr vom Habichtshofe,
Sprach zu seinem Jagdgesinde:
„Gute Meute, gute Beute;
Hängt den Bären an die Linde!

2 Achtet auf das Weidgeräte
Und besorgt die müden Hunde,
Dann euch selbst; mich will bedünken,
Dass euch wohl der Imbiss munde.

3 Drauf zerwirkt den braunen Riesen,
Aber mit geschickten Händen
Schont den Pelz; nach Bodinkthorpe
Will ich ihn zum Grafen senden,

4 Dem der ungeschlachte Brummer
Jüngst die Heimkehr abgeschnitten,
Als der Alte mit der Tochter
Spät vom Eschenberg geritten.

5 Heute fand er seinen Meister!
Stolzer Bursch, er schlug sich wacker,
Bis ihm an der Gurgel hingen
Greif und Kneif, die grimmen Packer.

6 Traun, ich hätt' ihn laufen lassen,
Ihn, den Herrn von Wald und Heide,
Doch dem Wegelagrer stieß ich
Rasch ins Herz die blanke Schneide.

7 Mocht' er sich mit Männern zerren,
Mocht' er sich mit Hunden necken:
Allzu bärenhafte Laune
War's, ein Mägdlein zu erschrecken."

8 Elmar grüßte mit der Lanze
Und, gefolgt von Weidmannsrufen,
Sprang er aus dem Kreis der Jäger
Schnell hinan des Saales Stufen.

9 Höher hob sich heut des Jünglings
Breite Brust vom frischen Gange,
Heller war sein blaues Auge,
Voller die gebräunte Wange.

10 Schüttelnd die betauten Locken,
Schritt er durch die große Halle,
Fast erschreckt vom düstern Schweigen
Und des Tritts verlornem Schalle.

11 Wo sich einst die schildgewiegte
Falkenbrut des Spiels erfreute,
Stand am kalten Herd des Hauses
Letzter Spross vereinsamt heute.

12 Um ihn her an hohen Wänden
Wisenthörner, Hirschgeweihe,
Bärenschädel, Schwert und Lanze,
Helm und Brünne, Reih' an Reihe.

13 Eichne Säulen, eichne Sparren,
Eichner Boden, eichnes Schauer:
All ein Wald, doch still und öde,
All ein Wald in Wintertrauer.

2.

14 Wo die Brucht durch Schilf und Erlen
Rieselt und zum Drosselsange
Dunkle Runenlaute murmelt,
Lag der Hof am Hügelhange

15 Unter Linden, unter Ulmen
Und des Strohdachs warmen Schwingen,
Die, mit Lauch und Moos bewachsen,
Breit und schirmend niederhingen,

16 Bau an Bau. Von bunten Giebeln
Nickten nach dem Brauch der Alten
Holzgeschnitzte Pferdeköpfe,
Wicht und Kobold fernzuhalten.

17 Weit erstreckten sich des Hauses
Kämpe, Wälder, Ackerbreiten;
Bergesfirst und rinnend Wasser
Schied die Mark seit Väterzeiten. –

18 Als der Wandersturm vom Osten
Über Deutschlands Felder brauste,
Volk auf Volk wie Meeresfluten
Zornig durcheinanderzauste;

19 Als die harten Bernsteinfischer
Welschlands dunkle Trauben pflückten,
Und des Spessarts raue Jäger
Sich mit Römerringen schmückten:

20 Unentwegt auf freier Hufe,
Grundentsprossen, grundverwachsen,
Wurzelfest wie seine Eichen
Saß der edle Stamm der Sachsen.

21 Stetig bauten sie die Scholle,
Hüteten auf brauner Heide
Sorgsam Bien' und Schaf und zogen
Rind und Ross auf Trift und Weide;

22 Übten, wie die Väter taten,
Sprung und Wurf und Lanzenbrechen
Oder griffen rasch zum Eisen,
Freveltat und Schimpf zu rächen;

23 Brauten Met und zechten tapfer,
Trotzten auf der Jagd den Wettern,
Und am heil'gen Opferkessel
Dienten sie den alten Göttern.

24 Stetig auf dem Habichtshofe
Unter ihres Saales Balken,
An derselben Feuerstätte
Hausten, Sohn auf Sohn, die Falken,

25 Ehrenreich und unverworren,
Bis am Rhein der Brand erglühte,
Der, gewalzt von Berg zu Bergen,
Durch die Sachsendörfer sprühte.

26 Krieg mit Karl! Die Mütter klagten;
Krieg! Es freuten sich die Aare;
Krieg den Göttern, Krieg den Menschen,
Krieg durch dreißig lange Jahre!

27 Alfrik, Elmars Vater, brachte
Wunden heim und bittre Schmerzen,
Heiße Wunden, tiefe Wunden,
Doch die tiefste saß im Herzen.

28 Machtlos, rechtlos war der Sachse;
Dreist, wie auf die müden Flanken
Eines speerdurchbohrten Ebers,
Trat auf ihn der Fuß des Franken.

29 Irmintrud, die Gattin, mischte,
Kundig all der holden Kräfte,
Die in Frucht und Blüte schlafen,
Sanftes Öl und milde Säfte;

30 Swanahild, die greise Drude,
Ritzte Runen, Zauberzeichen,
Warf die Stäb' und raunte Sprüche,
Gram und Siechtum zu verscheuchen.

31 Lindern mögen Wurz und Worte
Wundenweh und Herzbeschwerde:
Bester Arzt für jeden Jammer
Ist die stille kühle Erde. –

32 Auf den Sohn, den früh verwaisten,
Sah die Mutter oft mit Zähren:
„Kind, wer wird in Ernst und Liebe
Dich belehren und dir wehren?"

33 Tief ins junge Leben grub sie
Tiefen Abscheu vor dem Neuen,
Mocht' ihr Bruder an der Pader
Mit dem Bischofsstab auch dräuen,

34 Badurad, der eifervolle,
Den es schmerzte und empörte,
Dass sein eignes Blut dem Kreuze
Starren Sinns den Rücken kehrte.

35 Und im Wald die greise Drude
Pries den Heldenruhm der Ahnen;
Götter fürchten, Franken hassen,
War ihr unablässig Mahnen. –

36 Knabenzucht will harte Hände.
Bald entsandten sie zum fernen
Bruderstamm den Vaterlosen,
Maß und Männerbrauch zu lernen.

37 Gastverwandt dem Haus der Falken,
Welterfahren, weitgepriesen
War der graue Wodanspriester
Thiatgrim im Land der Friesen.

38 All der ernsten Nordlandsdenker
Weisheitsfülle war ihm eigen;
Beides wusst' er: klug zu reden,
Und, was klüger, klug zu schweigen.

39 Elmar staunte, wenn der Alte
Ihn die Runenrätsel lehrte,
Wenn er ihm gedankenreicher
Sprüche tiefen Sinn erklärte:

40 Donars Kämpfe mit den Thursen,
Walas düstre Prophezeiung,
Balders Tod, die Götterdämmrung,
Weltvernichtung, Welterneuung;

41 Oder wenn er ihm entrollte
Meerumrauschte Gudrunsagen,
Siegfrieds Tod, Kriemhildens Rache
Und den Zorn des grimmen Hagen.

42 Eins nur war Beginn und Ende:
„Sonder Wanken, sonder Schwanken
Fluch und Hass dem welschen Feinde,
Fluch und Hass dem Gott der Franken!" –

43 Jahre flohn; der blonde Knabe
War zum Jüngling aufgeschossen,
Stark und stattlich, still, doch glühend,
Offnes Auges, doch verschlossen.

44 Träumend blickt' er oft vom Strande
In des Meeres graue Wogen,
Träumend nach den Kranichschwärmen,
Die im Herbst gen Mittag zogen.

45 Dacht' er an das Los der teuern
Unterjochten Heimaterde?
An die Mutter, wie sie einsam
Trauernd saß am öden Herde?

46 An ein kleines Frankenmädchen,
Das gerettet einst der Knabe
Mit Gefahr des eignen Lebens
Aus des Weihers feuchtem Grabe?

47 Das mit Lachen und mit Weinen
Auf den Wangen Blässe, Röte,
Küssend ihn umschlang und leise
„Elmar, sag es keinem!“ flehte?

48 Zwar die Lippe war versiegelt
Und gebannt von süßem Munde,
Doch im Herzen, tief im Herzen
Rief es immer: Hildegunde! –

49 Thiatgrim, der Graubart, murrte:
„Ist der Falk des Käfigs müde?
Will ihm länger nicht behagen
Meines Hauses träger Friede?

50 Dort zum Normann mag er fliegen:
Thorkell rüstet Krieg den Franken,
Und sein Flügeldrache badet
In der Bucht die finstern Flanken.“

51 Wikingsfahrt zum Frankenlande?
Rachekampf? Wie Elmar lauschte,
Wie er schnell das Lodenkoller
Mit dem Kettenhemd vertauschte! –

52 Lustig war's, in Sturmesbrausen
Auf dem Wellenross zu reiten
Sommerlang, und Wund' um Wunde
Mit dem Landesfeind zu streiten.

53 Wonnig war's, im Föhrensaale
Winters mit den Bankgenossen
Kämpenweisen still zu horchen,
Die vom Mund des Sängers flossen.

54 Stumm bei Frauen war der Sachse,
Kühn in Not und Männerfehde,
Klug im Rat, am Tisch bescheiden
Mit dem Trinkhorn, mit der Rede.

55 Manches schöne Nordlandsmädchen
Sah ihm nach mit holden Blicken,
Schritt er, hoch den Kopf, vorüber,
Ohne nur zum Gruß zu nicken.

56 Thoralil, des Wikings Schwester,
Stickte Laub und Blumenranken
Ins Geweb' und mit den Blumen,
Mit den Blättern viel Gedanken.

57 Kleine Thora, lass das Träumen,
Falkenart hat schnelle Flügel;
Glaubst du ihn an sichrer Kette,
Schweift er über Tal und Hügel.

58 Hastig über Tal und Hügel
Flog er heim, ihn rief der Bote
Hastig zu der kranken Mutter;
Was er fand, war eine Tote.

3.

59 Windeswehn und Regenschauer,
Fahl und kalt die Morgenfrühe!
Über Waldeswipfel eilten
Hollas graue Wolkenkühe.

60 Auf dem Habichtshof die Ulmen
Schüttelten die nassen Äste,
Und das Scheunendach umkrächzten
Nebelkräh'n, unholde Gäste.

61 Elmar, in der Hand die Stirne,
Sah hinaus ins Wetterwogen;
Trüb die Welt wie die Gedanken,
Die durch seine Seele zogen!

62 Auf dem Hof Gebell und Rufen;
Diethelm kam, der Hausverwalter:
„Harrt die Meute? Tolles Treiben!
Geh, ich will nicht jagen, Alter!

63 Müde bin ich all des Jammers!
Kläglich ist es, Krieg zu führen
Mit dem Biber, mit dem Reiher,
Mit des Wildbanns armen Tieren.

64 Schon zu viel des Streits! Im Hader
Bin ich mit dem fremden Gotte,
Mit den Fremden und am meisten
Mit mir selbst, mir selbst zum Spotte.

65 Winnemar, mein großer Ahne,
Schlug den Wurm mit hartem Schwerte,
Der im Stein des Eschenberges
Haust' und rings das Land verheerte.

66 Heißer war des Vaters Kämpfen
Mit dem welschen Ungeheuer,
Das uns schnürt mit erznen Ringen,
Das uns stickt mit Dampf und Feuer.

67 Und der Sohn? Er hockt am Herde
Und, im Schoß die schlaffen Hände,
Stiert er ratlos in die Wolken,
Stiert er tatlos in die Brände.

68 Soll er Schalkenarbeit üben?
Soll er mit den Mägden spinnen?
Soll er reuten mit den Knechten,
Brot und Zehnten zu gewinnen?

69 Soll er, wie der Stier am Wagen,
Sich dem Frankenjoch bequemen?
Soll er vor dem Kreuz sich bücken
Und das Christenwasser nehmen?

70 Soll er Mark und Gau durchfliegen,
Um den alten Hass zu schüren
Und die schnell empörten Stämme
Schnell zum Rachekrieg zu führen?

71 Soll er nach der Pfalz zu Aachen
Für sein Volk zum Zweikampf reiten
Und auf Leben und auf Sterben
Mit dem frommen König streiten?

72 Leere Nacht, wohin ich schaue!
Hand und Fuß umwob die Norne
Mit des Schicksals dunklen Fäden,
Die sie spann in ihrem Zorne.

73 Fliehen möcht' ich zu des weiten
Wendelmeers entlegnem Strande,
Das der Menschenwelt Getümmel
Trennt vom stillen Geisterlande.

74 Wodan nur, der Rätsellöser,
Kann das rechte Wort mir sagen,
Doch er schweigt; die Götter alle
Schweigen – und ich muss verzagen." –

75 Diethelm sprach: „Durch deine Adern
Braust das Blut gleich wilden Bächen,
Die, geschwellt von Wettergüssen,
Uferdamm und Wehr durchbrechen.

76 Elmar, Stärke ziemt dem Starken,
Mut dem Mann; die Götter walten:
Lassen sie das Neue werden,
Traun, so sind sie gram dem Alten,

77 Seit du fern auf fremden Meeren,
Brannte manche Glut zu Kohlen:
Zahmer unterm Frankensattel
Geht das weiße Sachsenfohlen.

78 Brach der Sturm dir First und Wände,
Magst dem Zauberweib du fluchen;
Weiser ist's, bei Nachbarleuten
Als beim Wolf Herberge suchen.

79 Und ihr Gott? Der alte Wodan,
Sagt man doch, sei vielgestaltig,
Stets er selbst, trotz Kleid und Namen,
Stets sich gleich und hochgewaltig.

80 Elmar, du bist krank, ich weiß es,
Schmerzlich krank an schlimmer Stelle;
Schweigst du auch, ich kenne lange
Deines Wehs geheime Quelle.

81 Freia helfe! Raten möchte
Wohl die Drud' im blauen Tale." –
Eine Trän' im greisen Barte
Ging der Alte aus dem Saale.

4.

82 „Gruß vom Norden!", rief der Sänger,
Als er saß in Elmars Halle;
„Sieg und Segen wünschen Thorkell
Und die Schwertgenossen alle.

83 Auch von Thoralil, der braunen,
Künd' ich dir viel holde Märe,
Doch zuerst, dass Ragnar Lodbrok
Fuhr zu Wodans altem Heere;

84 Nicht mit ehrlich breiter Wunde,
Nicht von rosenroter Heide,
Nein, zernagt, aus finstrer Grube,
Grauser Tiere grause Weide. –

85 König Ellas Trotz zu brechen
Und den Schoß sich zu erzwingen,
Ließ der alte Leireherrscher
Laut im Land den Heerschild klingen.

86 Lachend sprach er: ‚Statt der Brünnen
Mögt ihr Leinwandwämser tragen;
Krieg mit Bretlands weichen Männern
Ist ein muntres Schnepfenjagen!' –

87 Lustig schoss ins Meer die Flotte
Wie ein Zug von wilden Schwänen,
Doch die finstern Wellenweiber
Sangen zum Verderb der Dänen.

88 Brechend Kiel und Mast durchtobte
Sturm die weiße Wasserwüste;
Nur mit einem Schiff erreichte
Ragnar Bretlands Kreideküste.

89 Müde Kämpen! Ella nahte;
Schilde krachten, Schwerter klangen:
Sterbend fielen die Normannen,
Und ihr König ward gefangen.

90 Ella höhnte: ‚Niemals, rühmst du,
Konnte Furcht dein Herz erfassen?
Alter Drost, du lernst noch heute,
Stolzer Prahler, das Erblassen!

91 Schnepfenjagen? Was zu wünschen
Sich dein frevler Spott erfrechte,
Sollst du haben: Greift ihn, werft ihn
In den Schlangenturm, ihr Knechte!' –

92 Grässlich war's! Der Held von Leire
Sprach: ‚Du siehst mich nicht erbleichen;
Wie ich lebte, will ich sterben:
Lass mir meine Harfe reichen!'

93 Mutig trat er in den Zwinger,
Und mit weitgesperrtem Rachen
Auf den Greis, den waffenlosen,
Stürzten die gefleckten Drachen.

94 Doppelt wild von langem Hunger,
Zornig sträubend Kamm und Mähne,
Hackten sie ins Fleisch des Mannes
Biss auf Biss die scharfen Zähne.

95 Ganz zerrissen von den Würmern,
Ganz zerfetzt, umschnürt, umschlungen,
Hat er unter Todesqualen
Selbst sein Sterbelied gesungen.

96 Welch ein Lied! Solang im Sunde
Rote Wikingswimpel fliegen,
Ist kein Schrei so stolz und trotzig
Einer Männerbrust entstiegen.

97 Weit erklingt er durch den Norden
Und erfüllt, wie Wetterbrausen
Tief durchwühlt die Meeresfluten,
Jedes Herz mit Grimm und Grausen.

98 Ragnars Sohn, der tapfre Sigurd,
Sitzt nun auf dem Stuhl zu Leire;
Rächen will er mit den Brüdern
Ellas Tat, die ungeheure.

99 Rächen will das Volk den Gräuel,
Eisen klirrt auf allen Wegen;
Thorkell rüstet, doch entbehren
Mag er nicht den besten Degen.

100 Dich zu rufen, kühner Sachse,
Zog ich über Moor und Heide;
Greif zum Schwert, dir blüht im Norden
Siegesruhm und Schlachtenfreude!"

101 Elmar drauf: „Ihr hohen Götter,
Darf ich euern Wink verstehen?
Ja, gen Norden führt der Helweg,
Und gen Norden soll ich gehen!"

102 Diethelm murrte: „Düstre Träume!
Ist des Leirekönigs Rache
Deine eigne, deines Hauses,
Deines Volks gerechte Sache?“

103 „Meines Volks? Sind dürre Äste,
Wie sie auf dem Herd dort brennen,
Welkes Laub, des Sturmes Spielzeug,
Noch ein grüner Wald zu nennen?

104 Meines Volks? Die Riesen starben;
Ein Geschlecht von feigen Zwergen
Springt vergnügt am Gängelbande
Seiner Büttel, fremder Schergen.

105 Menschenbrut! Der kluge Friese
Lehrte, dass die Götter droben
Das Gehirn aus Wolkennebeln
Und aus Wind das Herz gewoben.

106 Diethelm, rüste mir die Rosse!“ –
Doch der Alte: „Weh und Waffen!
Ist aus Wind das Herz der andern,
Deines ist aus Sturm geschaffen!

107 Willst du fort? Wer kann dich halten?
Geh zu deinem Helwegnorden!
Ach, der Schweiger ist zum Schwätzer
Und der Mann zum Knaben worden!

108 Rollst du deine finstern Augen?
Geh und lass die Heimatstätte,
Machst du gleich das Nest der Falken
Bald zum wüsten Bärenbette.

109 Gib ihn preis, den Hort des Hauses,
Wertes Erbe, liebe Gaben,
Teures Gut, das deine Väter
Einst mit Blut erstritten haben!

110 O wie werden nach den Ringen,
Spangen, Krügen, Silberbecken,
Nach den Waffen und Geschmeiden
Sich die Frankenfinger strecken!

111 Nach dem Schwert, das einst dein Ahne
Feite mit des Lindwurms Geifer!
Nach den Rossen, schier dem Rosse
Wodans gleich, dem stolzen Läufer!

112 Lass dem Wildschwein deine Fluren,
Lass dem Hirsch die Wiesengründe,
Lass dem grauen Wolf die Herde
Und dem Hunger dein Gesinde!

113 Elmar, ist das Heerbannstreue?
Wird ein Falke zum Verräter?
Sind wir dein, so bist du unser:
Das ist Recht und Brauch der Väter!

114 Uns gehörst du, deinem Volke,
Das, an Faust und Fuß gebunden,
Rettung nicht, – die Götter zürnen! –
Heilung sucht für tiefe Wunden.

115 Doch du denkst nur an dich selber,
Vor dir selber willst du fliehen:
Deine Qual, durch alle Meere
Rastlos wird sie mit dir ziehen.

116 Mannesmut ist nicht zu brechen:
Weiber zagen, Kinder schmollen;
Zwing die Welt nach deinem Willen
Oder zwing dein eignes Wollen!

117 Elmar, eines ist dein Mögen,
Und ein andres ist dein Müssen;
Nicht dein Herz nach seinem Wunsche,
Nach der Pflicht frag dein Gewissen.

118 Elmar, du bist klug, von hundert
Hohen Dingen hast du Kenntnis,
Aber für das Allernächste
Hat auch Einfalt ihr Verständnis.

119 Komm, du bleibst; es rinnt der Falken
Treues Blut in deinen Adern:
Gib die Hand mir altem Murrkopf
Und dem Schmerz verzeih das Hadern!" –

120 Elmar sah dem Greis ins Auge
Lang und stumm mit tiefem Sinnen:
Hört' er eure Spindeln rauschen,
Ernste Schicksalsspinnerinnen?

121 Endlich sprach er: „Herbe Tränke
Müssen hartes Siechtum schweigen;
Dank dir, Diethelm: Meinem Lande,
Meinen Leuten bin ich eigen.

122 Geh nun, Diethelm, sorg und schaffe,
Nimm den werten Gast in Pflege,
Dass es auf dem Habichtshofe
Lang ihm wohl gefallen möge!

123 Wilfried, komm! Wir sehn die Füllen,
Die im Eichenkamp dort springen,
Und beim Abendfeuer sollst du
Ragnars Sterbelied mir singen!"

IV. Die Mette

1 Mitternacht! Durch ferne
Schluchten
Klingt das Klosterglöcklein helle:
Fromme Schläfer, schwarze Mönche,
Werdet wach in eurer Zelle;

2 Werdet wach, ihr frommen Schläfer!
Von dem harten Strohsackbette
Ruft des Ordens strenge Regel
In die Kirche zu der Mette;

3 In die Kirche, wo die Pfeiler
Wie gebannte Hünen ragen,
Die das schwere Steingewölbe
Keichend auf den Schultern tragen;

4 Wo die stillen, weißen Bilder
An den grauen Wänden schimmern,
Wo im Chor die ew'ge Lampe
Und geweihte Kerzen flimmern. –

5 Jetzt, mein Lied, du scheue
Jungfrau,
An die Stirne leg den Finger,
Sinne wach: Du musst mir nennen
All die Beter, all die Singer;

6 Heimatland und Los der Männer,
Die da zu den Sitzen traten,
Und was jeder eben dachte,
Musst du raten und verraten;

7 Alles, ob auch das und dieses
Herb und ungebührlich scheine:
Die du zeigst, sie waren Menschen,
Gute Menschen, wie ich meine. –

8 Erstlich schritt herein der greise
Abt Warin, voll Kraft und Würde,
Stumpf und stark; die Last der Jahre
Beugt' ihn und des Amtes Bürde.

9 Ekberts Sohn, des Sachsenherzogs,
Frankenfürst vom Mutterblute,
Unter die Ardennenwölfe
Sprang er froh mit keckem Mute;

10 In der Kämpfer dichte Knäuel
Sprang er kühn in zwanzig
Schlachten;
Ronzeval im heißen Spanien
Lehrt' ihn Zeit und Welt verachten.

11 Ronzeval! Die Heiden tobten,
Flammen sprühte Durindane,
Olifant zerbarst im Dröhnen,
Dennoch sank die Kreuzesfahne.

12 Und der Abt, in manchem Traume
Ächzt' er noch in Kampfeswettern,
Hört' er seines jungen Kämpen
Letztes Jauchzen, letztes Schmettern.

13 Durch die Heldenseele rauschte
Jetzt des Rolandsliedes Weise
Wild und schmerzlich: „Vanitatum
Vanitas!", erseufzt' er leise. –

14 Warkward drauf, der Pater Prior,
Echtes Reis vom Stamm der Sachsen,
Lichtes Haars mit blauen Augen,
Schulterbreit und hochgewachsen.

15 Von der Lippe weich und üppig
Floss sein Bart in langen Locken,
Oft beim Grübeln durch die Finger
Glitten ihm die goldnen Flocken.

16 Wo der Weser blaue Fluten
Durch das Felsentor sich bahnen
Ihren Weg ins weite Flachland,
Lag der Freihof seiner Ahnen.

17 Wortgewandt und zungenfertig,
Lernt' er aller Männer Rede;
Scharf und schneidig zu gebrauchen
Wusst' er sie in mancher Fehde.

18 Lust am Kampf im deutschen Herzen,
Deutsches Blut in jeder Ader,
Mit Romanen, Welschen, Wenden
Stritt er oft in hartem Hader.

19 Aber schroffern Widersachern
Schrieb er gern im Jugenddrange
Seiner Meinung rote Runen
Mit dem Schwert auf Brust und Wange.

20 Stiller war sein Mut geworden;
Nur wenn unversehens einer
Jenes Tags bei Verden dachte,
Jenes Bluttags, schwarz wie keiner,

21 Fuhr er auf, die Augen blitzten,
Glüh vom Sachsentrotz, dem alten;
Doch er konnte starken Willens
Seinen Zorn im Zügel halten,

22 Denn er dient' in Mannentreue
Seinem Herzog, Gottes Sohne,
Der da führt das Kreuz im Banner
Und die blut'ge Dornenkrone.

23 Sein Gemüt bewegten heute
Trübe, traurige Gedanken:
Die des Heilands Lehre brachten,
Arges bringen einst die Franken.

24 Denn er sah im Geist: Vom Westen
Droht Gewalttat, Raub und Fälschung
Deutsches Rechts und deutscher Sitte
Überflutende Verwelschung.

25 Fern, noch fern! – Zum Hochaltare
Hub er fromm die Seherblicke:
„Herr der Welt, in Gnaden füge
Meines Vaterlands Geschicke!" –

26 Heribert, der bleiche Denker,
Folgt' ihm nach mit sachten Schritten;
Wo die Mosel rauscht, da standen
Seines Heimatdorfes Hütten.

27 In der gallischen Corbeja
Saß der Jüngling viele Jahre,
Harrend, dass das Nieerforschte
Weiser Mund ihm offenbare,

28 Die Gesetze, die der großen,
Die der kleinen Welt gebieten,
Bis er sich beschränkt' und senkte
In den Geist des Stagiriten.

29 Jetzt erwog er das Problema,
Ob der Tugend milde Flamme
Aus Belehrung und Erfahrung
Oder aus dem Herzen stamme. –

30 Dann erschien der Pater Luthard,
Falkenäugig, hochgeschossen,
Edlen Bluts; im Habichtswalde
War dies Tannenreis ersprossen.

31 Früh gewöhnt an Weidmannswerke,
Trotz der Schul' an Weidmannssprüche,
War's ihm Freud' und Pflicht, zu schaffen
Vorrat in die Klosterküche

32 Und, was unhold trabt im Berge,
Fuchs und Wolf, die schlimmen Plager,
Zu belisten und den Bären
Anzugehn im eignen Lager.

33 Dacht' er jetzt: „Die Knospen schwellen:
Sollt' es morgen nicht gelingen,
Auf der Falz im Tagesdämmern
An den Auerhahn zu springen?" –

34 Nach ihm trat herein der Riese
Pater Ivo. Traun, dem Alten
Stünden besser Helm und Brünne
Als des Chorhemds weiche Falten!

35 Hüten musst' er seines Vaters
Herden auf den Emmerauen;
Dort, im Kampf mit einem Rossdieb,
Ward ihm sein Gesicht zerhauen,

36 Zwiegeteilt von Ohr zu Ohre;
Rot und blau erquoll die Narbe:
Geh ins Kloster, armer Junge,
Mädchen lieben bessre Farbe!

37 Drauf in Winfrieds heil'gen Mauern
Ließ er gern sich unterrichten:
Zwar Raban, der kluge Meister,
Lobte sein Latein mitnichten;

38 Doch begriff er schnell der Zahlen
Heimlichkeit; mit Stab und Leine
Maß er, und zu festem Baue
Fügt' er schicklich Holz und Steine.

39 Als nun Abt Warin das neue
Klosterhaus begann zu gründen,
Ging im Dienst der Werkerfahrne
Frohen Muts nach Dreizehnlinden.

40 Jetzo dacht' er: „Schwere Krankheit
Schenkt der Himmel dem Gesunden
Zur Genesung und dem Kranken
Zur Genesung schwere Wunden." –

41 Pater Bernhard war der sechste,
Stammend aus den Bruktrerföhren,
Wo die Menschen Holzschuh tragen
Und von schwarzem Brot sich nähren:

42 Blasse, blonde, stille Menschen,
Träumerische, ahnungsreiche;
Nächtlich flattern Geisterschemen
Durch die Heid' um Moor und Teiche.

43 Von des Vaters Strohdachkotten
Schied der Knab' und suchte Ruhe;
Hathumar, der milde Bischof,
Gab ihm Trost und Lederschuhe.

44 Tankmar hieß der fromme Priester,
Der dem Eifervollen wehrte;
Auch in stiller Klosterzelle
Fehlt' ihm, was sein Herz begehrte.

45 Nach des Himmels goldnen Häusern
Weint' er jetzt, wie spät und frühe,
Seufzend: „Wer doch Taubenflügel
Der gefangnen Seele liehe!" –

46 Munter schritt ihm nach der kecke
Sigeward. Des Osnings Hänge
Rauschten in die Brust des Knaben
Wilde, wunderliche Sänge.

47 Mit den Sängen, mit der Fiedel
Zog er weit von Gau'n zu Gauen,
Strich zum Tanz den Freilingstöchtern
Und den stolzen Edelfrauen.

48 Sah am Königshof des großen
Harun-al-Raschids Gesandten
An den großen Frankenkönig,
Den noch größern Elefanten;

49 Auch ein Äfflein; dieser Affe
War der erste Aff' im Norden:
Menschheitsväter sind sie später
Und gemein im Land geworden.

50 Saust dem müden Wandervogel
Quer der Sturmwind ins Gefieder,
Gern an menschenferner Stelle
Lässt er sich im Walde nieder.

51 Sigeward, der irre Fahrer,
Flüchtend aus dem Weltgebrause,
Stellt' ans Kirchtor Stab und Schuhe
Und erkor die stille Klause.

52 Islands Falke kann die Kappe,
Ring und Riemen stumm verschmerzen:
Unaufhaltsam bricht des Liedes
Sprudel aus Poetenherzen.

53 Auch im Kloster, deutsch und römisch,
Klangen Sigewards Gesänge,
Doch am hellsten klang der liebe
Heimatlaut der Osninghänge.

54 Jetzo durch den Kopf des Mönches
Flog ein Reimlein auf die Franken:
„O, wie wird der Prior lachen,
Und der Abt, wie würd' er zanken!" –

55 Hatto kam, mit hoher Stirne
Und mit selig trunknen Blicken:
Kind des Landes, wo am Hügel
Rhein und Wein sich freundlich nicken.

56 Ivo sagt' im Scherz, die Mutter
Hab' in einer Rebenlaube
Ihn ernährt mit feurig süßem
Most der Deidesheimer Traube.

57 Früh gewidmet dem Altare,
Trieb es ihn, zu Dreizehnlinden
Heil'ger Hymnen und Sequenzen
Wort und Weise zu erfinden;

58 Auch mit wohlgewählten Farben
In lebendig treuen Bildern
Auf der Leinwand fromme Sage
Und Geschichte abzuschildern.

Die Mette

59 Heute malt' er in Gedanken,
Wie sein Held, der Todbesieger,
Glorreich auferstand und rückwärts –
Taumelten die welschen Krieger. –

60 Drauf erschien der Pater Biso,
Dürr und schmal, gebückt zur Erde,
Sprössling eines ungetauften
Freilings in der Diemelbörde,

61 Der bei Donars Hammer fluchte,
Wenn im Feld der Weißkopf säumte,
Wenn er, statt ein Ross zu tummeln,
Unterm Schlehdorn lag und träumte;

62 Oder wenn er auf des fremden
Klausners Unterweisung lauschte,
Der mit schönen Südlandssagen
Ihm das durst'ge Herz berauschte.

63 Halt den Frühlingswind am Flügel,
Wenn er schwärmt durch Buchenhallen:
Kurze Zeit, der junge Sachse
War ein Zögling von St. Gallen;

64 Kurze Zeit, zu Dreizehnlinden
Schrieb das Mönchlein unverdrossen
Römerweisheit, Griechenweisheit
Band auf Band und Gloss' auf Glossen.

65 Heute mocht' ihm wärmre Röte
Die gebleichte Wange malen:
„Eben setzt' ich Gloria Deo
Unter Tacitus' Annalen!" –

66 Beda war es, der ihm folgte,
Der geliebte und gelehrte.
Fern am Cheviot mit dem Vater
Ging er auf des Rotwilds Fährte;

67 Klomm zum Felsenhorst des Adlers,
Nahm der Wölfin ihre Jungen,
Brachte Moos und Kraut und Wurzeln
Heim von seinen Wanderungen,

68 Und, was Hirt und Jäger kennen,
Mancher Art Gesäm' und Blüte,
Wohlerprobt, Gebrest zu heilen
Mancher Art durch Gottes Güte.

69 Fromme Kunst, des Leibs zu walten,
Frömmre, Seelenschmerz zu lindern:
Beider pflog der gute Beda
An den lieben Menschenkindern.

70 Über dunkle Dinge grübelnd
Dacht' er jetzo: „Runen lesen,
Sprüche wispern, Zauber kochen
Ist ein heidnisch unhold Wesen;

71 Doch die Kenntnis, Heil zu wirken
Durch die Macht des Blicks alleine,
Wie Karadrius, der Vogel,
O sie wäre schön wie keine!

72 Schön; auch gut? Du bannst das Arge,
Doch es trägt dir Fluch statt Segen.
Lass mich, Herr, in Einfalt wandeln
Helles Aug's auf hellen Wegen!" –

73 Künde nun, mein Lied, gebührlich
Auch der Klosterbrüder Namen,
Wie sie nach den würd'gen Vätern
Pflichtgetreu zur Mette kamen.

74 Erstlich Hildegrim, der große.
Auf dem Füllenhof am Deister
War er Lehrling bei dem klugen
Hadubald, dem Maurermeister.

75 Doch zu stark, zu derb, zu trutzig,
Stets verstrickt in Zank und Raufen,
Schlug er jeden Stein in Stücke,
Und der Alte ließ ihn laufen.

76 Lange lief er durch die Lande,
Lief in Walafrieds, des Katten,
Speergefolge bis zum weiten
Mauerring der Tiberratten.

77 Und die Römerinnen lachten,
Schritt er, ob der Julihitze,
In der großen grauen Wildschur
Und der großen grauen Mütze;

78 Lachten, wenn des Leibes Länge
Er am Titusbogen zeigte
Und mit seinem roten Kopfe
Schier bis an die Wölbung reichte.

79 Weiche, seidne Römerinnen,
Sammetweiche Tiberkätzchen,
Gern am Fell des deutschen Bären
Hättet ihr versucht die Tätzchen!

80 Ärgert ihn das Däumlingsvölkchen?
War zu heiß die Wildschurkappe?
Hastig über Berg' und Bäche
Lief zum Füllenhof der Knappe.

81 Aber fremd im Heimatlande,
War er einsam und verdrossen;
Endlich, all des Laufens müde,
Fand er stillre Bankgenossen.

82 Brauer ward er im Konvente:
Zwar nicht ganz so klug als billig,
Zwar nicht ganz so fein als nötig,
Doch beherzt und brav und willig.

83 Weise sagen: Vieles Denken
Muss der arme Kopf entgelten;
Weil er Durst und Kopfweh hasste,
Trank er gern und dachte selten.

84 Doch den blinden Bruder Erich,
Der mit seinem lahmen Fuße
Achtlos ihm die Ferse streifte,
Knurrt' er an mit rauem Gruße.

85 Armer Sohn der reichen Nordmark,
Musst' er früh als Waise trauern:
Dienstbereit, ein wackrer Bursche,
Ward er groß bei Ulf, dem Bauern.

86 Pfeifend wusst' er wilder Hengste
Ungestüm und Trotz zu stillen,
Pfeifend von entlegner Weide
Herzulocken Stut' und Füllen.

87 Wanderlust, du krankes Heimweh!
Einem welschen Mann verdungen,
Führt' er edle Holstenrosse
Fern nach Mailands Niederungen.

88 Lustig läutend zog die Koppel
In des Sollings Talgewinden;
Plötzlich brachen Raubgesellen,
Wolfsgesichter, aus den Gründen.

89 Kurzer Kampf und lange Wunden!
Tot der welsche Fahrtgenosse,
Tot im Grase sieben Knechte,
Und der Wald verschlang die Rosse.

90 Erich sah's mit einem Auge,
Denn das andre war durchstochen
Und von eines Schächers Keule
Arm und Hüftgelenk zerbrochen.

91 Spät am Abend fand ein Siedler
Den Zerschlagnen. Hilfe spendet
Kraut und Band, doch blieb der Gute
Halb gelähmt und halb geblendet.

92 Pförtner war er jetzt im Kloster;
Und als ihn der derbe Brauer
Unwirsch einen Maulwurf nannte,
Seufzt' er tief und dacht' in Trauer:

93 „Schöner war's, die Marsch durchfliegen
Im Galopp mit Peitschenknalle:
Flinke Füße, lahme Füße,
In die Grube gehn sie alle." –

94 Hinter ihm der Bruder Waltram,
Derber Stumpf mit kurzem Kragen
Aus dem Hügelland der Engern,
Wo die Sattelhöfe lagen.

95 Stark wie er gedieh kein Range
In den weiten Sachsengauen;
Eisenfeste breite Kiefer
Zeigten den Beruf zum Kauen.

96 Rühmt' er gleich den großen Herzog
Widukind als seinen Öhmen,
Mocht' er lieber doch zum Löffel
Als zur Lanze sich bequemen.

97 Lange sann sein lieber Vater,
Maß den breiten Kopf des Knaben:
Kann nicht auch ein Sattelmeier
Ein gelehrtes Söhnlein haben?

98 Guter Waltram! Tag' und Nächte
Kaut' er grimmig an der Feder,
Tag' und Nächte an des Cato
Und Donatus' hartem Leder.

99 Jeden lassen milde Sterne
Schließlich doch sein Plätzchen finden:
Küchenmeister ward der Brave
Im Konvent zu Dreizehnlinden.

100 An die Heimat dacht' er gerne:
„Dort im Land der Sattelmeier,
Auf den Brüchen an der Else
Sucht man jetzt die Kibitzeier;

101 Fastenspeise! Zwar genießbar
Ist die Welt in manchen Stücken,
Und mir deucht, zum Osterfeste
Gibt es einen Hirschkalbsrücken." –

102 Hurtig folgt' ihm Bruder Wido.
So viel Märlein und Geschichten,
Rätselfragen, Klosterscherze
Wusste keiner zu berichten;

103 Keiner wusste so behende
Durch gewandtes Fingerbeugen
Auszusprechen stumme Worte,
Wenn die Pflicht befahl zu schweigen.

104 Aufwärts von der spitzen Nase
Strebte spitz das Brauenpärlein,
Aufwärts von dem spitzen Munde
Spitz des gelben Bartes Härlein.

105 Wo am Fuß der alten Iburg
Kocht und braust der Wunderbronnen,
Half er winterlang dem Vater
Näh'n, was Sachsenfrau'n gesponnen;

106 Sommers trieb er Schaf und Ziege
Ins Gebirg, ins grüne Futter,
Doch zur Klosterzelle führten
Eigner Wunsch und Rat der Mutter.

107 Glücklich warst du, kleiner Wido!
Was dein harmlos Herz verlangte,
Alles hattest du gefunden,
Eins nur war, wovor dir bangte:

108 Vor der misslich schweren Arbeit
An dem Rock des langen dicken
Ungeheuern Pater Ivo
Mit dem ungeheuern Rücken. –

109 Bruder Ailrat schloss die Reihe.
Wo am Frieseninselstrande
Zornig nagt die Nordseewoge,
Lief der Knab' im Dünensande.

110 Tapfres Volk erzieht das Wasser!
Aus des Vaters Fischernachen,
Schwertgenosse rauer Männer,
Sprang er auf des Wikings Drachen.

111 Und bei Thor und Odin fluchend,
Fuhr er aus nach Beut' und Ehre,
Zwischen Miklagard und Finnland,
Lustig durch die Sund' und Meere.

112 Jedem ist sein Tag beschieden!
Hoch im Nord an Schottlands Klippen
Brach der dunkle Wellenwühler
Fortgeschleudert Hals und Rippen.

113 Keichend stritt der junge Räuber
Mit den heisern Wasserwölfen,
Doch umsonst; umsonst beschwor er
Alle Götter, ihm zu helfen.

114 Sinkend schrie er nach dem Kreuze!
Jedem ist sein Tag beschieden:
Schiffbruch bracht' ihn in den Hafen,
Sturm und Streit zum rechten Frieden.

115 Beda fand im Uferginster
Den erschöpften, bleichen Schwimmer,
Pflegt' und lehrt' ihn, sanftern Lehrer,
Stillern Schüler gab es nimmer.

116 Frommer Dienste, holder Pflichten
Hatten beide jetzt zu warten:
Beda in der Krankenzelle,
Ailrat in dem Klostergarten.

117 Und nun beugt' er sich und dachte:
„Alleluja! Wellentosen
Trägt nur Schaum; auf meinen Beeten
Blühn der Liebe rote Rosen!" –

118 Also, Sachsenkind und Fremder,
Traten ein die Ordensleute,
Jeder anders, alle einig
In dem einen edlen Streite;

119 Alle einig, für des Kreuzes
Banner bis zum Tod zu kämpfen,
Leid zu lindern, Leid zu tragen
Und der Wünsche Gier zu dämpfen.

120 Jetzt zu Gottes Preis und Ehre,
Klang ihr Lied, und jubelnd schallt' es
In die Berge weit, und jubelnd
Aus den Bergen widerhallt' es:

121 „Lobt den Herrn, ihr Wesen alle,
All ihr Werke seiner Hände,
Lobt den Herrn, denn er ist mächtig,
Gütig ist er ohne Ende!

122 Lobt den Herrn, ihr Geister-
scharen,
Die am Thron ihr kniet, zu beten;
Sonn' und Mond, ihr Morgensterne,
Lobt den Herrn, ihr Abendröten.

123 Lobt den Herrn, ihr Wind' und
Wolken,
Donner, Blitz und Regengüsse;
Lobt den Herrn, ihr großen Meere,
All ihr Brunnen, all ihr Flüsse!

124 Lobt den Herrn, der Erde Festen,
Berg und Hügel, hüpft vor Freude;
Lob ihn, Ackerflur und Wiese,
Lob ihn, Wald und grüne Heide.

125 Ihr Delfine und ihr Drachen,
Lobt den Herrn in Flut und Klüften;
All ihr Tiere auf dem Felde,
All ihr Vögel in den Lüften.

126 Lobt den Herrn, ihr Menschen-
kinder,
Von Geschlechte zu Geschlechte,
Vom Aufgang zum Niedergange,
All ihr Könige und Knechte!

127 Alle, die ihr hohen Hauptes
Geht die weiten Erdenpfade,
Lobt den Herrn für seine Treue,
Lobt den Herrn für seine Gnade!

128 Denn, die ihr ihm bracht, die
Treue
Hielt er euch zu allen Stunden;
Denn, die ihr verwirkt, der Gnade
Habt ihr reiches Maß gefunden.

129 Als ihr lagt in euern Gräbern
Tot im Geiste bei den Toten,
Euch zum Leben aufzuwecken,
Schickt' er seines Heiles Boten.

130 Als ihr weintet in der Wüste,
Heimzuführen die Verirrten,
Sandt' er seinen Eingebornen,
Ihn, den großen Völkerhirten,

131 Der euch zeigte, wo des Lebens
Wasserbäche sich ergießen,
Wo am kühlen Zelt des Friedens
Palmen stehn und Rosen sprießen.

132 Lobt den Herrn, der euch errettet,
Von Geschlechte zu Geschlechte;
Lobt ihn, all ihr Menschenkinder,
All ihr Könige und Knechte.

133 Lobt den Herrn, ihr Wesen alle,
All ihr Werke seiner Hände,
Lobt den Herrn, denn er ist mächtig,
Gütig ist er ohne Ende!" –

134 „Gütig ist er ohne Ende!" –
Schallt' und hallt' es aus den Gründen,
Und die ew'ge Lampe brannte
Hell im Chor zu Dreizehnlinden.

V. Am Opfersteine

1 Lieblich sind die Juninächte,
Wenn des Abendrots Verglimmen
Und des Morgens frühe Lichter
Dämmernd ineinanderschwimmen;

2 Wenn der Lenz in roten Rosen
Rasch verblutet und die kleinen
Nachtigallen um den Toten
Ihre letzten Lieder weinen;

3 Wenn im Kelch der Lindenblüte
Unterm Blätterbaldachine
Schläft, gewiegt von lauen Lüften,
Die verirrte müde Biene.

4 Träumerisch im Nest der Schwalbe
Zirpt die Brut und zwitschert leise
Von dem großen blauen Himmel
Und der großen Südlandsreise.

5 Und im Weizen schlägt die Wachtel,
Jedem Pflüger liebe Laute,
Liebe Laute all den Körnern,
Die er fromm der Flur vertraute.

6 Durch die frisch entsprossnen Ähren
Haucht ein Säuseln und ein Singen,
Als ob holde Himmelsgeister
Segnend durch die Saaten gingen. –

7 Rings der Wälder tiefes Schweigen!
Aus des Tales Nebelhülle
Hob die Iburg ihren Scheitel
In die sternenklare Stille:

8 Alter Hain, aus dessen Wipfeln
Sonst die Irminsäule ragte,
Die zum Schmerz und Schreck der Sachsen
König Karl zu brennen wagte;

9 Götterstätte, jetzt umwuchert
Von Gestrüpp und wilden Ranken
Und als Wohnort dunkler Mächte
Scheu gemieden von den Franken. –

10 Lieblich war die Nacht, die kurze,
Vor dem Tag der Sonnenwende;
Auf der Iburg stumpfem Kegel
Flackerten die Opferbrände;

11 Auf der Iburg stumpfem Kegel
Hatten sich zum Balderfeste
Fromm geschart die Heidenleute,
Gaugenossen, fremde Gäste.

12 Unter Eichen auf dem Rasen
Stand der Opferstein, der graue,
Neben ihm mit blut'gem Messer
Eine riesenhafte Fraue:

13 Swanahild, die greise Drude,
Ihres Priesteramts zu walten,
Erzgegürtet; weißes Linnen
Floss um sie in reichen Falten.

14 Werinhard, der freie Bauer,
Nahm den Stahl aus ihren Händen;
Fulko, Schmied von Bodinkthorpe,
Wühlte schürend in den Bränden.

15 Und im breiten Kupferkessel
Auf des Herdes glühen Kohlen
Brodelte mit Lauch und Mistel
Das geweihte Opferfohlen:

16 Freies Tier des freien Waldes,
Das den Hals vor Pflug und Wagen
Nie gebeugt und dessen Rücken
Einen Reiter nie getragen.

17 Elmar, Herr vom Habichtshofe,
Blickte träumend in die Gluten;
Sah er, wie das Opferfüllen,
Auch das Sachsenross verbluten? –

18 Ehrfurchtsvoll und stumm im Kreise
Stand die Menge, nur ein Flüstern,
Nur ein Schauern in den Bäumen
Und der Flamme Sprühn und Knistern.

19 Godo kam, der Opferdiener,
Bester Fischer an der Nethe,
Zubenannt der krause Otter,
Weil sein Haar sich lockig drehte.

20 „Alles sicher", sprach er leise,
„Ausgestellt sind rings die Wächter;
Stören wird die fromme Feier
Kein Verräter, kein Verächter."

21 Dreimal dann mit nackten Füßen
Schritt die Priesterfrau, die hohe,
Um den Herd, und Segen sprechend
Warf sie Körner in die Lohe.

22 Und mit Donars Hammerzeichen
Spendend Kraft und Heil dem Sude,
Das Gesicht zum Nord gewendet,
Traurig ernst begann die Drude:

23 „Naht in Ehrfurcht, naht in Andacht,
Und was unhold, bleibe ferne;
Unsre Zeugen sind die Götter,
Stummer Wald und stille Sterne.

24 Fern sei jeder Ungezwagte;
Wollt ihr opfern, wollt ihr beten,
Reiner Hand und reinen Herzens
Sollt ihr vor die Ew'gen treten. –

25 Balders Sterbetag zu feiern,
Sind wir an den Stein gekommen,
Ihm, dem Frömmsten, nachzutrauern,
Wohl geziemt es allen Frommen.

26 Seit ihn schlug sein blinder Bruder,
Ist des Tages Glanz verblichen,
Götterfriede, Menschenfriede
Aus der dunklen Welt gewichen.

27 Ahnt ihr, was der große Vater
Seinem viel beweinten Toten,
Seinem Sohn, ins Ohr geflüstert,
Als die Scheiter ihn umlohten?

28 O es waren hohe Worte,
Hoffnungsreiche holde Laute,
Lichte Auferstehungsworte,
Die er tröstend ihm vertraute:

29 Seiner Wiederkehr Geheimnis
Aus dem Reich der Nimmersatten,
Wo in nebeldüstern Schluchten
Traurig gehn die bleichen Schatten.

30 Wann? – Der Wala selbst verborgen
Blieb der große Tag der Sühne;
Zeit und Stunde kennt nur einer,
Er, der alte Himmelshüne.

31 Er nur weiß es, wann im Kampfe
Untergehn die hohen Götter,
Wann im Sturm vom Zeitenbaume
Wehn die herbstlich gelben Blätter;

32 Wann auf feuerfarbnen Rossen
Muspels Söhne nordwärts rennen,
Um mit ungeheurer Lohe
Erd' und Himmel zu verbrennen;

33 Um uralte Schuld zu rächen,
Dass im Frühlingsmorgenhauche
Jung und grün aus Wasserwogen
Eine neue Erde tauche,

34 Rings bewohnt von stillen Menschen,
Die mit Morgentau sich nähren:
Dann, so spricht die weise Wala,
Dann wird Balder wiederkehren;

35 Und der Niemalsausgesprochne,
Er, der Älteste der Alten,
Wird für immer aller Dinge,
Aller Menschen liebend walten. –

36 Kam die Zeit, und ist der Weiße,
Den die Christen laut bekennen,
Den Allvaters Eingebornen
Und das Friedenskind sie nennen,

37 Ist er Balder? – O er brachte
Kampf und Krieg der Männererde!
Ist er Balder? – O er machte
Friedlos uns am eignen Herde!

38 Was wir sehn, ist Hass und Hader!
Vor den Fremden, unsern Schergen,
Muss sich selbst Gebet und Opfer
Scheu in tiefer Nacht verbergen.

39 Dennoch, mag die sonnenlose
Dunkle Zeit sich dunkler trüben,
Treu der Lehre, treu der Sitte
Lasst den Vaterbrauch uns üben.

40 Ihr mit Kranz und Binsenkörben,
Tretet in den Ring, ihr Kleinen;
Singt den Reim, wiewohl ihr heute
Klüger tätet, still zu weinen.

41 Dennoch singt; den jungen Nacken
Schmerzt noch nicht das Joch der Franken;
Singt, und mag es traurig lauten
Wie das Singen eines Kranken." –

42 Und die Knaben und die Mädchen
Huben an mit leiser Stimme:
„Schirm uns, Balder, weißer Balder,
Vor des Christengottes Grimme!

43 Komm zurück, du säumst so lange;
Sieh, wie Erd' und Himmel klagen!
Komm zurück mit deinem Frieden
Auf dem goldnen Sonnenwagen.

44 Weißer Balder, weiße Blumen,
Wie an Bach und Rain sie sprießen,
Weiß wie deine lichten Brauen,
Legen wir dir gern zu Füßen.

45 Sieh, wir geben, was wir haben:
Arm sind unsre Fruchtgefilde;
Lass Geringes dir genügen,
Weißer Balder, Gott der Milde.

46 Gott der Liebe, weißer Balder,
Neige hold dich unsern Grüßen:
Blumen, rein wie unsre Herzen,
Legen wir dir gern zu Füßen."

Photogravure v. J. B. Obernetter, München

Am Opfersteine

47 Und den Opferstein umwandelnd
Warfen sie die heil'gen Kräuter,
Lichte Glocken, lichte Flocken,
Lichte Sterne auf die Scheiter.

48 Dann mit leisen Wispelworten
Nahm die Priesterin die Schale:
„Trinkt des weißen Gottes Minne,
Eh ihr hebt die Hand zum Mahle!"

49 Durch die Runde ging ein Raunen
Und gedämpftes Becherklirren,
Wie in herbstlich dürrem Rohre
Abendlüfte heimlich schwirren.

50 Und der krause Opferdiener,
Aus des Kessels weitem Bauche
Gab er jedem von dem Fleische,
Von der Mistel, von dem Lauche. –

51 O es war kein Mahl der Freude! –
Stets des Überfalls gewärtig
Saß die Schar der Ungetauften,
Stets zum Fliehn, zum Trotzen fertig,

52 Wölfen gleich, die tief im Walde
Hastig einen Raub verzehren
Und in jedem Blätterrauschen
Hand und Jäger kommen hören. –

53 Sprach die Drude: „Dankt den Göttern,
Löscht die Glut und nehmt die Brände:
Dunkles brütet zwischen heute
Und der nächsten Sonnenwende;

54 Denn nicht alle kommen wieder,
Und nicht jedem ist zu trauen.
Fort! Die Sterne schimmern blasser,
Und der Tag beginnt zu grauen." –

55 In die Gründe glitt die Menge,
Wie verstoben, wie versunken;
Frische Morgenwinde spielten
Mit der Asche, mit den Funken.

56 Von der Sonne ersten Strahlen
Glühten rot die fernen Gipfel,
Und der Schrei der wilden Katze
Klang im höchsten Eichenwipfel.

VI. Das Erntefest

1 Heil dem Lenz mit seinen Blumen,
Heil dem Herbst mit seinen Ähren!
Lenz ist liebliches Verheißen,
Herbst ist freundliches Gewähren. –

2 Auf des Daches First versammelt,
Mahnen zugbereit die Schwalben:
„Rüste, Wirt, dich vor dem Winter,
Denn das Laub beginnt zu falben.

3 Bleiben musst du, wenn wir flüchten;
Sieh dich vor, es mag dir frommen,
Dass wir alles wohlbehalten
Finden, wenn wir wiederkommen.

4 Hüte dich vor Trug und Tücke,
Dunkles brau'n die dunkeln Nächte;
Arges droht dem Herrn des Hofes
Oft vom Freunde, oft vom Knechte.

5 Hüte deines Hauses Giebel,
Hüte deines Herdes Kohlen;
Winterdach ist doppelt nütze;
Habe Dank – und Gott befohlen!"

6 Auf dem Feld zu Bodinkthorpe
War die Sichel längst verklungen,
Um den Rest der Haferwellen
Ward das Weidenband geschlungen.

7 Isenhard, der alte Meier,
Rieb vergnügt die braunen Hände:
„Kinder, seht, dort kommt der Wagen;
Gott sei Dank, wir sind zu Ende!

8 Seht, dort kommt der letzte Wagen:
Aiga mit dem bunten Kranze,
Kord, der Fiedler, Dierk, der Pfeifer,
Laden uns zum Erntetanze.

9 Knechte, seid nicht allzu eifrig,
Jedes Hälmlein heimzuholen:
Lasst der Flur die letzte Garbe
Für des alten Wodan Fohlen;

10 Lasst dem Baum den letzten Apfel
Für den alten Wodan selber!
Voller trägt aufs Jahr der Wipfel,
Und der Weizen färbt sich gelber.

11 Aiga, rümpfe nicht das Näschen!
Löblich ist der Brauch der Alten;
Auf dem Hof zu Bodinkthorpe
Soll man ihn in Ehren halten."

12 Aiga sprach: „Der Vogelzehent
Ist es, den wir gern ertragen,
Dass uns nicht die kleinen Bettler
Vor der Himmelstür verklagen."

13 Sprach der Alte: „Kleine Aiga,
Kluge Aiga, Preis und Ehre
Deinem Vater, würd' ich sagen,
Wenn ich nicht dein Vater wäre.

14 Denk an deine Sprüche, Aiga,
Dass die Worte fein sich schicken
Und der Graf und Hildegunde
Sie erfreun und Beifall nicken.

15 Vorwärts, Gerd!" – Der Wagen knarrte,
Obenauf im Mägdekreise
Dierk und Kord, und laut und lustig
Klang des Stoppelliedes Weise.

16 Peitschenknall und Freudenjauchzen;
Munter folgten all die Schnitter,
Nur der kahle Grimbart hinkte
Zögernd nach und lachte bitter:

17 „Schwarzer Graf, du magst dich hüten,
Hast mich einen Dieb gescholten
Um die Waben, um die Gerste:
Schwarzer Graf, es wird vergolten!"

18 Auf dem Hof zu Bodinkthorpe
Stand der Graf im Ring der Gäste,
Edler Herrn und freier Bauern,
Die er lud zum Erntefeste:

19 Bodo, zubenannt der Milde,
Hergeschickt von Karl, dem alten
Frankenkönig, um im grünen
Nethegau des Rechts zu walten.

20 Neidern hieß er noch der Schwarze,
Streute gleich in seine Locken
Lange schon unholder Winter
Silberreif und weiße Flocken.

21 Eine Ros' im wilden Walde,
Lieblich ihm zur Seite blühte
Hildegund, der heimgegangnen
Mutter gleich an Huld und Güte.

22 Gleich der heimgegangnen Mutter
Schaltete sie auf dem Hofe;
Emsig durch Gemach und Garten
Schlüpfte Imma, ihre Zofe. –

23 Wo sich grün umrankt der Vorbau
Wölbte an des Hauses Pforte,
Tauschten die entbotnen Männer
Mit dem Grafen muntre Worte.

24 Badurad, der gute Bischof,
Pries dem Wirt die Paderquelle,
Abt Worin von Dreizehnlinden
Seiner Weser blaue Welle.

25 Wichtruds Sohn, der fromme Meinulf,
Taufkind Karls, des großen Franken,
Lauschte lächelnd; Klosterhallen
Baut' er selber in Gedanken.

26 Dodiko vom Eberbronnen,
Drehend seines Bartes Spitze,
Fragte Thietmar, seinen Vetter,
Wie der Scharlachrock ihm sitze.

27 Rab, der greise Eschenburger,
Sprach, die Hand am breiten Messer:
„Deinem Vater, kleiner Dodo,
Saß das Wams von Leder besser!"

28 Wolf und Rolf vom Turm erzählten
Laut ihr letztes Jagdbegegnis;
Theudebert, der Freigesessne,
Rühmte seiner Flur Erträgnis.

29 Elmar, Herr vom Habichtshofe,
Trat zum Bischof, seinem Öhmen;
Freundlich war er, doch er wollte
Nicht die Hand des Jünglings nehmen.

30 Im Gesicht des Heidenmannes
Starb ein Lächeln, trüb und schmerzlich;
Weringhard, der Freiling, drückte
Ihm die Linke fest und herzlich.

31 Gero sah's, der gelbe Franke,
Jüngst gesandt als Königsbote,
Der dem Gau mit neuen Diensten,
Neuem Zins und Zehnten drohte.

32 Herbe war er, doch die Rede
Wusst' er schmeichelnd zu versüßen,
Wenn er plaudernd in der Halle
Saß zu Hildegundens Füßen.

33 Schweigend hört' ihn stets die Jungfrau,
Ob er scherzte, ob er klagte;
Spöttisch krümmt' er seine Lippe,
Als er jetzt zu Elmar sagte:

34 „Stolzer Falk, ein krankes Küchlein
Schleppst du heut die lahmen Flügel:
Anders sträubtest du die Federn
Anderswo – auf braunem Hügel!

35 Stolzer Falk, du krankes Küchlein,
Hat mit ihrem Zaubersude
Dich berückt dein holdes Liebchen,
Swanahild, die alte Drude,

36 Wenn sie ächzt und Sprüche murmelt
Und, bekränzt mit Farn und Nessel,
Gaukelt mit verrenkten Gliedern
Um den großen Opferkessel?"

37 Elmar zuckte, auf der Stirne
Schwoll ihm heiß die Zornesader;
Werinhard, der breite Bauer,
Raunte leise: „Lass den Hader!"

38 Denn begrüßt von allen nahte
Hildegunde mit des grauen
Eschenburgers blonden Töchtern
Und vom Turm den edlen Frauen.

39 Und ins Tor mit Sang und Jubel
Fuhr der Wagen unterdessen;
Isenhard, den Hut im Arme,
Trat herfür und sprach gemessen:

40 „Herr, das Feld ist abgeerntet,
Rüstig regten wir die Glieder!
Was ihr körnerweise gabet,
Garbenweise bracht' ich's wieder.

41 Herr, auch hab' ich nicht vergessen,
Bösen Zauber abzuwehren,
Der am Tag der Sonnenwende
Dräut den Schoten und den Ähren;

42 Denn am Tag der Sonnenwende
Sprengt beim Schall der Abendglocke
Schattengleich der Bilwissreiter
Durch die Flur auf schwarzem Bocke.

43 Reiten darf der raue Unhold
Nur, solang der Mesner läutet,
Und sein Eigen sind die Halme,
Die beim Läuten er umreitet.

44 Doch uns konnt' er wenig schaden,
Denn ich selber griff zum Strange:
Das Johannisabendläuten
Währte heuer nicht zu lange!"

45 Lächelnd sprach der fromme Bischof:
„Alter, das ist Heidenglauben;
Gutes, das uns Gott gegeben,
Kann der Böse uns nicht rauben."

46 Achselzuckend drauf der Meier:
„Freilich sind wir Christenleute,
Doch es lässt sich nicht verreden,
Dass der Bilwissreiter reite."

47 Alle lachten seines Wortes,
Einzig Gero nicht, der grimme.
Aiga kam mit ihrem Kranze
Und begann mit heller Stimme:

48 „Dank dem Herrn des Hauses bringen
Seine Mägde, seine Knechte;
Immer zielt er auf das Gute,
Immer übt er nur das Rechte.

49 Diesen Kranz von goldnen Ähren
Halt' ich freudig ihm entgegen;
Lohn der Arbeit soll er künden,
Menschenfleiß und Gottes Segen.

50 Manches Jahr noch mög' er sorgen
Für den Gau, für Hof und Halle:
Lustig spielt, ihr Musikanten,
Dass es durch die Berge schalle! –

51 Gruß und Dank der edeln Jungfrau,
Dieses Hauses holdem Kinde;
Hoff' ich doch, dass ich im nächsten
Lenz auch ihr ein Kränzlein winde;

52 Nicht von Blättern, nicht von Blumen,
Die auf fremder Flur gewachsen:
Nein, von lieben heimatlichen,
Wie sie blühn im Land der Sachsen.

53 Hildegund, sie möge weilen
Unter uns, das wünschen alle:
Lustig spielt, ihr Musikanten,
Dass es durch die Berge schalle! –

54 Gern um Gnad' und Gunst begrüß' ich
Frau'n und Männer, werte Gäste:
Doch den Nachbar soll man ehren,
Nächste Hilfe ist die beste.

55 Elmar, Herr vom Habichtshofe,
Möcht' auch er ein Kränzlein tragen,
Darf er nicht im wüsten Walde
Stets durch Moos und Pilze jagen.

56 Giftig, sagt man, sind die Pilze,
Und die Natter schläft im Moose;
Nah im Garten blüht im hellen
Sonnenschein die schönste Rose.

57 Nur erwäg' er, dass der Blume
Brausewetter nicht gefalle:
Lustig spielt, ihr Musikanten,
Dass es durch die Berge schalle!" –

58 Kleine Aiga, kluge Aiga,
War dein Spruch nicht zu verwegen?
Zornig stand der alte Meier,
Gero wild, der Graf verlegen.

59 Hildegund, verletzt, entrüstet,
Rot und bleich, verwirrt, erschrocken,
Senkt' ihr Haupt, auf Stirn und Wangen
Rollten ihr die lichten Locken.

60 Aigas blaue Augen lachten,
Als ob nichts geschehen wäre;
Elmar sagte: „Kleine Aiga,
Dankenswert ist gute Lehre."

61 Rief der Graf: „Ich lob' und lohne
Treuen Fleiß und guten Willen;
Schnitterdurst ist alte Sage:
Eilt nun, gründlich ihn zu stillen.

62 Brauner Met, ihr wackern Leute,
Harrt auf euch in vollen Krügen;
Trinkt und esst und dann im Tanze
Lasst die Mädchenzöpfe fliegen." –

63 An den Tischen auf der Tenne
Saß das Volk bei Kraut und Schinken.
„Iss und schweig" ist Bauernregel,
„Doch versäume nicht zu trinken!"

64 Obenan der alte Meier,
Stumm und finster vor sich schauend;
Ihn verdrossen Aigas Sprüche.
Gerd, der Großknecht, sagte kauend:

65 „Kleine Aiga, kluge Aiga,
Runenaiga lass dich nennen;
Merke nur, du darfst nicht wieder
In die Pilze dich verrennen."

66 Aiga drauf: „Dich trocknen Knaben
Nennt man leider Gerd, den nassen,
Wenn ich in die Rosen gehe,
Werd' ich dich zu Hause lassen."

67 Irmin rief, der lahme Kuhhirt:
„Fort mit Tischen und mit Bänken!
Dierk und Kord, nun pfeift und fiedelt,
Dass wir uns im Reigen schwenken!"

68 Hell und lustig klang die Flöte,
Hell und lustig sang der Bogen,
Und der Knaben Zipfelmützen
Und die Mädchenzöpfe flogen.

69 Einer aber saß im Winkel
Teilnahmslos und unbeachtet;
Trübe war sein dunkles Auge,
Seine Stirne gramumnachtet.

70 Becho war's, der letzte Sprosse
Aus dem Fürstenstamm der Sorben,
Den der Graf am Saaleufer
Nach der Schlacht durch Los erworben.

71 Isenhard, der alte Meier,
Nahm die volle Birkenkanne,
Und mit weicher Stimme sprach er
Zu dem heimatlosen Manne:

72 „Becho, du bist immer traurig;
Becho, trink und werde munter!“
Becho trank, und eine Träne
Rann ihm in den Bart hinunter. –

73 Vielfach ist der Menschen Bürde,
Doch am schwersten hat zu tragen,
Wer von solcher Höhe stürzte,
Dass ein Knecht ihn darf beklagen. –

74 Und am Tore stand ein andrer,
Brauner Bursch' mit nackten Füßen,
Eggi, den die Lästerzungen
Nur die wilde Katze hießen.

75 Grau, zerfetzt und schief gebunden
War das Wams des losen Rangen;
Um den Nacken, um die Schläfe
Kroch sein Haar wie schwarze Schlangen.

76 Biegsam wie die Haselgerte
Und ein Klettrer sondergleichen,
Trug er wenig Lust zum Schaffen,
Desto mehr zu kecken Streichen.

77 Immer schweifend auf den Bergen,
Immer streifend in den Gründen,
Tag' und Nächte war er nirgend,
War er überall zu finden.

78 Fremd, im Schnee, am Winterabend
War ein Bub' ins Tal gekommen
Und vom Schmied, dem braven Fulko,
Mitleidsvoll ins Haus genommen.

79 Schlüpft' er aus des Berges Klüften?
War er aus der Luft gefallen?
Keiner wusst' es, nur ein seltsam
Elbisch Wesen deucht' er allen.

80 Freundlich war zu ihm die Drude,
Und ein Jägersmann erzählte,
Wie sie einst vor ihrer Grotte
Ihm die krausen Locken strählte.

81 Einsam saß er oft und summte
Zu der Fiedel fern im Hage
Wichtelweisen, fremde Laute,
Voll von rührend weicher Klage;

82 Oft auch schauerliche Sänge,
Die so wild und zornig lachten,
Gleich als schrie' aus ihm der Dunkeln
Einer, die im Abgrund schmachten.

83 Schafft' er aber an der Esse,
Hei, wie dann die Funken sprühten,
Hei, wie Feil' und Amboss sangen
Und die schwarzen Augen glühten,

84 Wollt' er eines Kettenhemdes
Maschenringe künstlich biegen
Oder in ein Helmgewölbe
Zierlich Niet und Nagel fügen.

85 Staunend blickte dann der Meister
Auf des Knaben kluge Hände:
„Lernt' er bei den kleinen Schmieden
Goldemars im Berggelände?“ –

86 Jetzt am Tore, schalkhaft lächelnd,
Blinzt' er seitwärts nach den Frauen.
Nur das Weiße seiner Augen
Sah man unter dunkeln Brauen.

87 Aiga rief: „Nimm hin, mein Kätzchen,
Kraut und Schinken, seltne Gaben!
Ratt' und Maus, dein täglich Wildbret,
Kannst du allerorten haben.

Erntefest

88 Ratt' und Maus, mein wildes Kätzchen,
Sie genügten dir bis heute;
Wirst du erst ein großer Kater,
Machst du Jagd auf größre Beute."

89 Er, die weißen Zähne zeigend,
Lachte hell; im Bogensatze
Hüpft' er fort, und in den Bäumen
Klang der Schrei der wilden Katze. –

90 Aber in der großen Halle
Für des Hauses liebe Gäste
War die lange Ehrentafel
Zugerichtet auf das Beste;

91 Zierlich mit Wacholdernadeln
Überstreut des Saales Boden;
Herber Waldduft quoll erfrischend
Durch die Fenster aus den Loden.

92 Rechts vom Grafen saß der Bischof,
Links der hagre Königsbote,
Weiter ab die edeln Herren,
Unten Theudebert, der rote;

93 Elmar, nächst den freien Bauern,
Neben Werinhard, dem Riesen;
Jedem war nach Ehr' und Alter
Wohlgewählt sein Platz gewiesen.

94 Seitwärts, doch ein wenig höher,
War der Sitz der holden Frauen;
Hildegund, die scheue Taube,
Wagte kaum nur aufzuschauen.

95 Munter an der Männer Tische
Ging das Methorn in die Runde:
Rascher klopften alle Herzen,
Leichter glitt das Wort vom Munde.

96 Rief der Graf: „Vielwerten Gästen
Stehn zu Dienst des Hauses Gaben,
Hildegund, zum Ehrentrunke
Gib das Beste, das wir haben!"

97 Und die Jungfrau, sanft errötend,
Nahm den schön geformten Becher,
Und des Rieslings goldne Zähre
Bot sie freundlich jedem Zecher.

98 Als an Elmar kam die Reihe,
Senkte schüchtern sie die Lider,
Sie erglühte, und ein leises
Zittern rann durch ihre Glieder.

99 Murrend, mit gesenktem Kopfe,
Blickte Gero von der Seite,
Gleich dem Hunde, dem ein andrer
Zu entreißen droht die Beute:

100 Knurrend hält er seinen Knochen,
Und mit borstig rauer Mähne
Zeigt er seinem Widersacher
Blut'gen Blicks die scharfen Zähne. –

101 Sprach der Bischof: „Heil dem Lande,
Das solch edle Tropfen sendet!
Heil dem Hause, das sie eignet,
Heil dem Wirte, der sie spendet!"

102 Und mit Jubel für den Grafen,
Für die Tochter ward getrunken;
Elmar schwang den leeren Becher,
Geros Auge sprühte Funken.

103 Zischelnd sprach er: „Stolzer Falke,
Traun, du bist ein Rossfleischesser!
Da du Hirsch und Huhn verschmähtest,
Muss ich fragen: Schmeckt es besser?

104 Rühmest du vor aller Speise
Hengstgekrös' und Opferkuchen?"
Elmar lächelte gelassen:
„Beides magst du selbst versuchen."

105 Gero rief: „Den Sachsengöttern
Dienen ist so dumm als eitel;
Ist ihr König doch ein blinder
Bettelmann mit kahlem Scheitel!"

106 Elmar drauf: „Das Sonnenauge
Sieht die Guten wie die Bösen,
Und der Nimmermüde wechselt
Sein Gewand, doch nie sein Wesen."

107 Weiter spöttelte der Franke:
„Deine Klugheit möcht' ich preisen:
Gib mir Rat; der Mund des Toren
Redet oft das Wort des Weisen.

108 Krank ist mir die falbe Stute,
Sie verschmäht ihr liebstes Futter;
Man erzählt mir, Zauberkünste
Lerntest du von deiner Mutter,

109 Die mit starken Runenliedern
Knoten knüpfte, Ketten sprengte,
Wetter rief und Stürme stillte
Und bergan die Fluten drängte;

110 Die mit mächtiger Beschwörung
Kocht' im Kessel dunkle Kräuter,
Mit Verwünschung –" „Falsche Zunge",
Brauste Elmar, „sprich nicht weiter!

111 Eitler Gauch! Mit gift'gen Pfeilen
Trafst du mich: ich konnt' es tragen:
Gotteslästrung rächen Götter,
Menschen hören sie – und zagen.

112 Doch von ihr, um die ich traure,
Deren dunkelster Gedanke
Lichter war als Frankentugend,
Sollst du schweigen, schnöder Franke,

113 Schweigen, sonst – mit diesem Schwerte
Schlag' ich dich zu Grund und Boden:
Helfe mir der starke Donar,
Helfe mir der alte Woden!" –

114 Aufgerichtet stand der Sachse,
Riesenhaft und schultermächtig;
Seine Flammenaugen ruhten
Auf dem Franken zornesmächtig.

115 Todesstille rings im Saale,
Geros Hand entfiel der Becher;
Starr die Männer; Hildegunde
Blickte flehend auf den Sprecher.

116 Doch der Graf begann mit Würde:
„Meines Hauses guten Frieden
Hat mit Frevelmut gebrochen
Deines Trotzes Übersieden;

117 Schwer gekränkt des Königs Boten,
Meinen Gast, den in der Mitte
Meiner Gäste hochzuachten
Dir befahl so Pflicht wie Sitte.

118 Nachsicht deiner Jugend; dennoch
Deucht mir, dass du besser tätest,
Wenn du dieses Saales Schwelle
Fürderhin nicht mehr beträtest."

119 Elmar neigte sich und sagte:
„Graf, ich ehr' in allen Treuen
Eure Worte; meiner Worte
Hab' ich keines zu bereuen." –

120 Elmar ging; doch mit dem Frieden
War der Frohsinn, sein Genosse,
Fortgeflogen; alle Gäste
Heischten mit Vergunst die Rosse.

121 Sprach der Bischof: „Er verwehrte
Die Beschimpfung einer Toten,
Seiner Mutter, meiner Schwester,
Und im Vierten ist's geboten!"

122 Traurig stieg er in den Sattel;
Nebel braute in den Gründen,
Als er mit Warin, dem Abte,
Ritt zum Kloster Dreizehnlinden.

VII. In stiller Nacht

1 Auf dem Hof zu Bodinkthorpe
War verrauscht die Erntefeier;
Um die Scheunen, um die Halle
Wob die Herbstnacht graue Schleier;

2 Graue Schleier um die Schläfer,
Die, im Bann des Mets befangen,
Immer noch die Fiedel hörten,
Immer noch im Reih'n sich
schwangen;

3 Schleier um zwei Mädchenaugen,
Die von Tränen überflossen
Und zu ruhelosem Träumen
Spät erst beim Gebet sich schlossen. –

4 Um den Hof zu Bodinkthorpe
Waren drei nur wach geblieben:
War's, um Frevel zu belauschen?
War's, um Frevel zu verüben?

5 Einer schweift' am nahen Walde
Zwischen Heidekraut und Ginster:
O wie war sein Herz so zornig,
O wie war sein Mut so finster!

6 An der Buche kalte Rinde
Presst' er die erglühte Wange;
Ächzend wie ein wundes Wesen
Sank er hin am Hügelhange. –

7 Einer glitt vom Stoppelfelde
Huschig zu des Zaunes Latten,
Huschig, wie vom Stall zur Scheune
Eines Marders flücht'ger Schatten.

8 Flink empor am Stamm der Birke
Wand er sich und im Geäste,
Dunkel wie die dunkeln Blätter,
Wiegt' er sich, gewiegt vom Weste. –

9 Einer, wie auf Diebeszehen,
Schlich vom finstern Erlenhagen,
Wo am Bach zerstreut der Knechte
Rauchgeschwärzte Hütten lagen.

10 Nächst dem Herrenhaus gekauert
Duckt' er sich und lauschte, lauschte:
Tiefes Schweigen, dann ein Rascheln,
Wie wenn Rohr und Reisig rauschte;

11 Dann ein Knittern und ein Knirren
Wie beim Plankenübersteigen;
Dann ein Glühn, der wilden Katze
Heisrer Schrei – und tiefes Schweigen.

12 Durch das große Saalgebäude
Ging ein Hall; es dröhnt' und pochte:
Ob sein guter Geist die Nähe
Arger Geister ahnen mochte?

13 Arge Geister, rote Schlangen,
Die sich reckten, die sich ballten,
Zischten, zuckten, schlüpften,
schossen
Durch die Fugen, durch die Spalten;

14 Rote Schlangen, rote Flammen,
Überstürzten sich im Rennen:
Wildes Brennen an der Sohle,
Hoch im Giebel wildes Brennen!

15 Faltenreich im Hauch des Windes
Wogt' ein Kleid von Rauch und Feuer
Um das Strohdach, um die Wände
Von der First zum Grundgemäuer.

16 Weh dem Leben in der Lohe!
Imma stürzte aus den Bränden
Bleich, entsetzt; ans Tor der Scheune
Schlug sie hart mit beiden Händen.

17 „Hilfe! Rettet Hildegunden!
Machtlos und mit schwerem Keichen
Liegt der Graf betäubt am Boden,
Und sie will nicht von ihm weichen!"

18 Doch der Schrei, der messerscharfe,
Weckte nicht die wüsten Träumer;
Aiga nur, die kleine Aiga,
Flog heran und griff zum Eimer.

19 „O die Bären, wie sie schnarchen!"
Plötzlich, wie der Erd' entwachsen,
Auf des Hofes Mitte ragte
Elmars Haupt, des finstern Sachsen.

20 Gero hüpft an ihm vorüber,
Unterm Arm ein rauchend Bündel:
„Ach, mein Scharlachkleid; ich sterbe!
Helft! Wo steckt das Dienstgesindel?"

21 Falk, nun spanne Fang und Feder!
Auf der Zofe schrilles Rufen
Stürzt' er hastig in die Esse
Über halb verkohlte Stufen.

22 Hastig, wie der Frank' ins Freie,
Sprang der Sachse in die Flammen;
Vor ihm schlug die gelbe Lohe,
Hinter ihm der Rauch zusammen.

23 Prasseln, Brechen, dumpfes Dröhnen
In den Sparren, in den Balken;
Schirme Gott die zwei Verlassnen,
Schirme Gott den kühnen Falken! –

24 Mut gibt Sieg! – Auf starken Armen,
Ob ihn Dampf und Glut umwallten,
Sicher schreitend trug er beide
Abwärts in des Mantels Falten.

25 Auf dem Stein am Fuß der Linde
Setzt' er nieder seine Bürde;
Zitternd dankt' ihm Hildegunde
Und der Graf mit kühler Würde.

26 Heulend kamen Knecht und Mägde.
Rief der Meier: „Rasch die Kübel,
Schirrt die Rosse, her die Leitern!
Seht euch vor, schon wankt der Giebel!

27 Gleich den Gänsen auf dem Eise
Hockt nicht da wie festgefroren:
Wasser auf die Scheunendächer,
Denn der Saalbau ist verloren!

28 Flink zu Tanz und Humpenheben,
Lasst ihr euch zur Arbeit treiben:
Wartet nur, ich werd' es richtig
Jedem auf den Kerbstock schreiben!

29 Glutengarben, himmelhohe:
Muspels Söhne sind im Rasen! –
Gott verzeih' mir; solch ein Brennen
Hat der Teufel angeblasen!" –

30 Gerd, mit wildverworrnen Haaren,
Wankte taumelnd aus der Scheuer,
Blei im Kopf; ins Feuer stierend,
Schrie er laut: „Wo ist das Feuer?"

31 Armer Gerd, wie mochte tückisch
Dich dein steter Durst verblenden:
Jäh in einen vollen Zuber
Stürztest du mit Haupt und Händen!

32 Aiga sprach, durch Tränen lachend:
„Welche Täuschung, Schatz, mein Nasser!
Heb dein Mündlein, guter Junge,
Du verirrtest dich zum Wasser.

33 Niese nicht, was kann dir's frommen?
Keiner darf ‚Christ helfe!' sagen;
Bist du doch ein halber Heide,
Nur getauft bis an den Kragen.

34 Zwiefach bist du fehlgefallen,
Denn dein Leibgericht, du Schlemmer,
Junge Aale, musst du fischen,
Statt im Eimer, in der Emmer!"

35 Drauf der Nasse: „Musst du fischen!
– Glatte Aale, glatte Schlangen:
Fängt dich einer, glatte Aiga,
Hat er keinen Aal gefangen." –

36 Isenhard, der alte Meier,
Riss den Trunknen von der Kufe,
Und die Lacher und die Gaffer
Fuhr er an mit scharfem Rufe.

37 Rab, der greise Eschenburger,
War am Platz mit Knecht und Kötter;
Dodiko vom Eberbronnen
Kam mit Thietmar, seinem Vetter.

38 Werinhard, der freie Bauer,
Schwang ein Fass mit breiten Händen;
„Oben seh' ich nach dem Dache,
Seht ihr unten nach den Wänden!" –

39 Krachend brach der Saal zusammen:
Funkenwirbel, Aschenfluten;
Und des Waldes Bäume blickten
Rot beschienen in die Gluten. –

40 Lautlos starrend auf die Trümmer,
Saß der Graf noch an der Linde;
Nur zuweilen haucht' er leise
Flüsterworte seinem Kinde.

41 Elmar sprach: „Ein hartes Schicksal,
Edler Graf, hat Euch betroffen
Mir zum Leide; kommt, dem Nachbar
Steht die Tür des Nachbars offen."

42 Drauf der Greis: „Dem guten Willen
Besten Dank! Für kurze Dauer
Richt' ich wohl auf eignem Grunde
Ein bescheidnes Winterschauer."

43 Gero rief: „Ein Weidmannsstückchen:
Erst den Aar vom Horst zu zerren,
Um ihn dann daheim im Käfig
Edelmütig einzusperren.

44 Gaukler, geh, du bist verraten!
Dich bezeih' ich; hört, ihr Männer:
Feige Rachetat zu üben,
Ward er zum gemeinen Brenner!"

45 Aiga schrie: „Gemeiner Lügner,
Nur zum Lästern keck und mutig!"
Werinhard, der freie Bauer,
Biss die Lippe blau und blutig.

46 Sprach der greise Eschenburger:
„Mann, das habt Ihr zu beweisen,
Zu beweisen mir und andern,
Nicht mit Worten, nein, mit Eisen!"

47 Elmar maß den Königsboten
Stumm mit feuerheißen Blicken,
Stürzte vor und stand – und wandte
Ihm verachtungsvoll den Rücken.

48 Vor dem Grafen und der Tochter
Neigt' er sich, doch blieb sein Neigen
Unerwidert; müde, müde
Schritt er durch des Waldes
Schweigen.

VIII. Die Drude

1 Stille Nacht im tiefen Walde!
Um der Birken weiße Rinde,
Um der Erlen dunkle Stämme
Floss das Mondlicht weich und linde.

2 Nur der Bach im Grunde schwatzte,
Von Gesträuch und Ried umdüstert,
Wie ein Kind im halben Schlummer
Mit sich selber spricht und flüstert.

3 Und dazwischen klang der Ente
Heisrer Ruf vom fernen Teiche,
Und zuweilen auf den Rasen
Fiel die braune Frucht der Eiche.

4 Und der Dachs, der frömmste Klausner
Von den Bergbewohnern allen,
Streifte, scheu die Lichtung meidend,
Durch der Buchen finstre Hallen.

5 Dort am Hang, zum Nord gerichtet,
Fern den Straßen und den Steigen,
Lag verloren eine Höhle
In der Wildnis ödem Schweigen,

6 Weit und endlos; nach der Sage
Einst bewohnt von klugen Schmieden,
Zwerggeschlecht, das ausgewandert,
Jetzt verrufen und gemieden.

7 Schaurig war die Kluft, von rauen
Felsenknorren überhangen;
Um das Torgewölbe schlichen
Efeuranken, grüne Schlangen;

8 Schlangen krochen durch die Spalten,
Schwarze Schlangen, Wurzelknoten,
Wo die greise Drude hauste,
Weltvergessen wie die Toten,

9 Einsam mit dem treuen Hunde,
Einsam mit den alten Göttern,
Die zu ihr in Vogelstimmen
Sprachen und in Sturmeswettern.

10 An der Quelle vor der Grotte
Saß sie regungslos gekauert,
Wie ein graues Steingebilde
Über einem Grabe trauert.

11 Von der Achsel hing ein dunkles
Ottervlies zur Hüfte nieder,
Ein Gewand von weißer Wolle
Hüllte faltenreich die Glieder.

12 Träumend saß sie; in der Linken
Lag die Stirne, ernst und edel,
Tief gefurcht; die Rechte ruhte
Auf des Hundes breitem Schädel.

13 Sinnend saß sie, eine Norne,
Eine von den finstern Frauen,
Die den Born des Wissens schöpfen
Und den Gang der Zeiten schauen,

14 Schweiften zu entflohnen Tagen
Rückwärts eilend die Gedanken,
Bessre Zeit, eh welsche Rosse
Aus den Sachsenbächen tranken?

15 Was die Seele ihr bewegte,
War's der Gegenwart Bedrängnis?
Lag vor ihren Seherblicken
Drohend künftiges Verhängnis?

16 Doch ihr Wächter knurrt', es glommen
Grünlich seine Augensterne;
Durch des Waldes tiefe Stille
Hallten Schritte aus der Ferne;

17 Männerschritte: Elmar nahte;
Vor der Drude blieb er stehen;
Gruß und Gegengruß: „Was willst du?",
Sprach sie, ohne aufzusehen.

18 „Swanahild, du weise Waldfrau,
Länger als seit drei Geschlechtern
Warst du hold dem Stamm der Falken,
Seinen Söhnen, seinen Töchtern.

19 Längst zu Wodan und zu Freia
Heimgefahren sind sie alle:
Öde steht mein Haus am Hügel,
Einsam bin ich in der Halle."

20 „Junger Falk, der Weg ist offen,
Der den Freund zum Freunde leitet;
Gras und Dorn und Ranken wuchern
Auf dem Pfad, den niemand schreitet.

21 Junger Falk, seit manchen Monden
Flogst du nicht zu meinem Grunde;
Fürchtest du des Tages Augen,
Dass du kommst zu nächt'ger Stunde?

22 Dort am Stein, zur Sonnenwende,
Sah ich dich zum letzten Male,
Doch vernahm ich wohl von deinem
Flügelschlag im Frankensaale,

23 Und wie du dein glatt Gefieder
Arg versengtest in den Flammen." –
„Willst du das, was mir und jedem
Menschenpflicht gebeut, verdammen?"

24 „Ich verdamme nicht, ich lobe
Edle Tat; indes ich meine,
Was dich trieb in Rauch und Gluten,
War nicht Menschenpflicht alleine.

25 Freier Jäger ward zur Beute,
Wilder Falk, er ließ sich zähmen,
Blenden mit der Lederkappe,
Mit der Riemenkette lähmen."

26 „Sei nicht unhold, strenge Mutter;
Schmach und Unbill zur Genüge
Widerfuhr mir bei den andern:
Sei nicht herb und lass die Rüge!"

27 „Weiland rangst du mit dem Bären
Und zerknicktest ihm die Knochen:
Hat dich jetzt beim Blumenbrechen,
Feiner Knab', ein Wurm gestochen?

28 Hat, mit dem du lange spieltest,
Endlich dich gekratzt das Kätzchen,
Und nun siehst du, armer Junge,
Weinend auf dein wundes Tätzchen?"

29 „Mutter, scharf sind deine Worte,
Schärfer als des Schwertes Hiebe;
Doch vernimm: In meiner Seele
Hadern zornig Hass und Liebe.

30 Sprechen muss ich oder sterben!
Was ich lange stumm getragen,
Einem muss ich's, und von allen
Dir nur, Mutter, kann ich's klagen.

31 Gib mir Rat, du weise Wala,
Kluge Idis, hilf dem Kranken:
Die ich lieb', ist eine Christin
Und die Tochter eines Franken!"

32 Und die Drude, aufgerichtet
Ihres Leibes Riesenlänge,
Seufzte tief, und beide Hände
Hebend, sprach sie schmerzlich-strenge:

33 „Elmar, geh, du bist verloren!
Stünd' in Brand dir Saal und Scheuer,
Minder wäre dir verderblich
Jene Glut als dieses Feuer.

34 Geh: Du gehst zum schwarzen Grafen,
Geh: Du gehst zum Sachsenhasser,
Beugst dem Kreuz den stolzen Nacken,
Beugst den Kopf dem Christenwasser.

35 Hast du unsrer blonden Jungfraun
Keine wert genug gehalten,
Deines Hofes, deiner Halle,
Deines Herdes fromm zu walten?"

36 Er darauf: „Die Göttermutter
Wägt die Freuden und die Schmerzen;
Wie der Wind die Wasserwellen
Leitet sie die Menschenherzen.

37 Denkst du nicht des alten Liedes,
Das wir oft gesungen haben,
Wie einst Swanahild, die schöne,
Weint' um einen Wendenknaben,

38 Weint' um einen Wendenknaben,
Der verging im Eis der Elbe?
Lieb' ich außerhalb des Stammes,
Tat nicht Swanahild dasselbe?"

39 Traurig sank das Haupt der Alten:
„Bitter ist es, lang zu leben;
Dunkle Jahre, Reih' an Reihe,
Les' ich auf den Runenstäben;

40 Älter als der Wald! Ich kannte
Schon als Eicheln jene Eichen,
Graue Hünen, deren Häupter
Jetzt bis in die Wolken reichen.

41 Unverstanden wie die Sage,
Überalt und fremd im Neuen,
Gleich' ich einem morschen Stumpfe
Zwischen frühlingsgrünen Maien.

42 Schlummerschwer sind meine Augen,
Wandermüde meine Füße;
Aus den Sachsengauen bring' ich
Wodan bald die letzten Grüße.

43 Götterschicksal, Menschenschicksal
Ist auf ew'gen Rat gegründet:
Einer bleibt und herrscht. – Dir aber
Hätt' ich Bessres gern gekündet.

44 Geh, ich höre meine Boten,
Die sich in den Wipfeln regen:
Auf des Waldes düstern Pfaden
Tritt das Schicksal dir entgegen!" –

45 Elmar ging. – In Wolkenschleiern
Hatte sich der Mond verborgen;
Tropfen rauschten auf die Blätter,
Grau und trübe kam der Morgen.

46 Sonder Trost, mit schwerem Mute
Schritt der Jüngling durch die Loden,
Nie so einsam und vergessen,
Nie so fremd auf eignem Boden.

47 Was die Wala sprach, das dunkle
Rätselwort, wie soll er's fassen?
Meint sie Götter, die ihm zürnen? –
Meint sie Menschen, die ihn hassen? –

48 Geh nur, Elmar; holde Mächte
Sind dir nah auf allen Wegen:
Auf des Waldes grünen Pfaden
Tritt das Schicksal dir entgegen.

IX. Auf des Waldes Pfaden

1 Achtsam kann das Reh sich hüten
Vor des Bären plumper Tatze;
Schwerlich, bückt es sich zum Brunnen,
Vor dem Sprung der falschen Katze. –

2 Elmar, zieh den Gurt dir fester,
Wenn du gehst zum wilden Walde:
Schwarze Elben, schwärzre Menschen
Lauern an der Bergeshalde. –

3 Wilder Wald! Die müde Sonne
Ruht' an nackten Felsenwänden,
Um den letzten blauen Glocken
Ihre letzte Gunst zu spenden.

4 Scharfes Schwirren durch die Wipfel
In dem herbstlich harten Laube
Und vom Buchenhang der kurze
Flügelschlag der Ringeltaube;

5 Dann am Ast des Spechtes Hacken,
Fern der schrille Schrei der Dohlen;
Dann ein langes schweres Seufzen
Wie des Berges Atemholen;

6 Dann um Enzian und Quendel
Wilder Bienen leises Summen;
Dann ein Habichtskreisch, und wieder
Tiefes Schweigen und Verstummen. –

7 Elmar, zieh den Gurt dir fester! –
Langsam schritt er durch die Gründe,
Menschenferne, wo geborgen
Sich begegnen Hirsch und Hinde.

8 Ging er auf der Spur des Wildes,
Um zur Lust ein Tier zu töten?
O, er wollt' an heil'ger Stätte
Sich entsündigen und beten. –

9 Grüne Lichtung! In der Mitte
Stand die graue Donnereiche,
Riesenhaft vor all den Riesen
Auf und ab im Gaubereiche.

10 Hehr und breit wie Tempelhallen
Wölbte sich das Astgeschlinge,
Altgeweiht, von Frevlerhänden
Nie verletzt mit Beil und Klinge.

11 Denn nach Sag' und Väterglauben
War sie eines Gottes Eigen,
Der da rauscht' im dunkeln Wipfel,
Der da weht' in Stamm und Zweigen.

12 Elmar nahte sonder Waffen,
Hänfne Schnur an beiden Händen;
Selbstlos, arm, freiwillig unfrei
Soll der Mensch sich aufwärtswenden.

13 Also mit gebeugtem Haupte
Stand er in des Gottes Frieden:
„Zürnst du, dass ich bei den Fremden
Deinen Dienst so lang gemieden?

14 O, ich hör' es, wie dein Unmut
Schilt und schauert durch die Blätter:
Wenn mich Erdgeborne hassen,
Seid mir hold, ihr guten Götter!

15 Lief ein Knab' in Busch und Ranken,
Fortgelockt vom Vogelsange,
Kommt er heim mit wunden Füßen,
Zankt die Mutter, doch nicht lange.

16 Komm' ich heim mit wundem Herzen,
Zürnen magst du, doch nicht grollen;
Wie ein heilig Wasser läutert
Tränenflut den Reuevollen.

17 Du, der Eine, den ich suche,
Du, der Ew'ge, der nicht altet,
Der in Huld der Sonne droben
Und der Menschenlose waltet;

18 Du, der dort im Wipfel säuselt,
Der in ahnungsvoller Nähe
Rätsel wispelt, die ich höre,
Deren Sinn ich nicht verstehe:

19 Bist du Wodan, bist du Donar?
Namen sind es leeren Schalles:
Du bist du, der Unerkannte,
Unbegriffne, Eins und Alles!

20 Hier, wo auf geweihtem Grunde
Du nur und der Wald mich hören,
Bring' ich dar ein reines Opfer:
All mein Sehnen und Begehren!

21 All mein armes Glück, des Herzens
Wünsche, die von dir mich schieden,
Dürft' ich auf Erfüllung hoffen,
Geb' ich hin: Gib du mir Frieden!

22 Gott, mein Gott, ich will entsagen!" –
Horch, da knickt' es in den Büschen,
Scharfes Klirren, Sehnenschwirren
Und Gezisch wie Schlangenzischen.

23 Elmar wankte; nah dem Herzen
Steckt' ein Pfeil; die Viperzunge
Riss er aus, und in die Birken
Stürmt' er wie der Wolf im Sprunge.

24 Schnelle Flucht und rasche Folge:
Jetzt! – Er hielt ihn am Genicke:
„Königsbote, Meuchelmörder,
Du? – Das heiß' ich Frankentücke!

25 Als zu offnem Kampf dich luden
Rab und ich auf Schwert und Lanze,
Drücktest du dich, feiger Prahler,
Hinter deiner Sendung Schanze,

26 Uns zum Heil: Dein Blut, des Schurken,
Lautre Waffen musst' es schänden:
Geh, es mag ein Knecht dich würgen!
Geh, du magst am Zaun verenden!

27 Zittre nicht, schier möcht' ich lachen;
Werde kühner; sieh, ich bleibe
Scheu wie einem Pestbefallnen,
Armer Mann, dir weit vom Leibe!

28 War kein Schalk so schlecht und käuflich,
Dunkelwerk für dich zu üben,
Dass du selbst mit ew'ger Schande
Deinen Wappenschild beschrieben?

29 Bist du stumm?" – Mit irren Augen
Stand der Wicht, verstört und bange;
Seiner Hand entglitt der Bogen,
Alles Blut der hohlen Wange.

30 Stotternd rief er: „Falk, ich könnte
Dich auf Haut und Haar verklagen,
Dich auf Hals und Hand, du Stolzer!"
Elmar sprach: „Ich will es tragen!" –

31 „Kränkst du mich, den Königsboten,
Königsbann wird dich vernichten;
Unser ist die Macht im Lande!"
Elmar sprach: „Die Götter richten!

32 Heb dich fort!" Der Frank entschlüpfte
Durchs Gebüsch mit heiserm Fluche,
Und der Schrei der wilden Katze
Kreischte von der nächsten Buche.

X. Auf der Dingstätte

1 Falbten spät im Herbst die Blätter,
Ward ein offnes Ding gehalten,
Denn der Pflicht'ge soll sich lösen,
Und der Frevler darf nicht schalten.

2 Unter Friggas heil'gem Baume
Scharten sich die Gaugenossen,
Edelinge, freie Bauern,
Eigner Leute niedre Sprossen.

3 Grünt sie noch auf deinem Anger,
Aldinghaus, die alte Linde,
Die dem Knaben Sang und Sage
Zugerauscht im Abendwinde?

4 Aldinghaus, zu klug geworden
Sind die Menschen unsrer Tage:
Längst verhaun ist deine Linde,
Längst verschollen Sang und Sage. –

5 Später Herbst, die Blätter falbten;
Kopf an Kopf auf weiter Wiese
Tosten blond gelockte Sachsen,
Mancher Stumpf und mancher Riese.

6 Nächst dem Baume war die Dingstatt
Eingehegt mit Haselzweigen:
Tief gebückt am Stamm der Linde
Stand der Graf in düsterm Schweigen.

7 Vor ihm auf dem Sandsteintische
Schwert und Strick; der alte Frone
Switger Lubbe ihm zur Seite
Rief hinaus mit heiserm Tone:

8 „Schöffen zwölf, geschworne Männer,
Tretet in den Kreis mit Ehren;
Dann Herr Gero, Königsbote,
Recht zu nehmen auf Begehren.

9 Elmar, Falk vom Habichtshofe,
Streng geheischt bei Leib und Leben,
Tritt herein, auf grünem Rasen
Einem Mann sein Recht zu geben!"

10 Dumpfes Murren! – Hohen Hauptes
Schritt der Sachse in die Runde,
Fest und hart in Gang und Miene,
Ob auch krank an tiefer Wunde.

11 Sprach der Graf: „In lichter Sonne
Heischt das Recht, des Rechts zu pflegen:
Schöffen, ist es Stund' und Stelle,
Hier ein offnes Ding zu hegen?"

12 Jene drauf: „Des Rechts zu pflegen,
Kommen wir bei Mittagshelle,
Und ein offnes Ding zu hegen,
Beides ist es, Stund' und Stelle."

13 Dann der Graf nach langem Zögern,
Auf den Tisch gestützt die Hände:
„Recht und echt beginnt die Sache;
Geb' ihr Gott ein gutes Ende!

14 Schöffen, euch gebührt zu sitzen;
Switger Lubbe, schließ die Schranken!
Ihr im Umstand, brecht den Frieden
Nicht mit Drang und Schrei und Zanken!

15 Gero, habt Ihr Gram und Unbill
Wider einen Mann zu rächen,
Mögt Ihr unter Eid die Klage
Sonder Neid und Arglist sprechen."

16 Gero rief: „So Gott mir helfe!
Diesen hier, wie fromm er gleiße,
Elmar, Herrn vom Habichtshofe,
Hört, wes ich ihn schuldig heiße:

17 Mich, der ich im Gau des Königs
Heil'ge Macht und Würde trage,
Hat er meuchlerisch und mordlich
Angerannt im wilden Hage.

18 Half mir nicht mein guter Engel,
Lag ich tot von seiner Schneide;
Drum des Königsfriedensbruches
Zeih' ich ihn bei meinem Eide.

19 Dann um Götzendienst und Zauber
Heischt' ich ihn in Ring und Runde;
Seine Buhle ist das greise
Hexenweib im blauen Grunde.

20 Neulich noch, am Balderfeste,
Aß er von den Opferrossen.
Still! Im Umstand seh' ich manchen
Seiner nächt'gen Sudgenossen.

21 Mehr, noch mehr! Das Haus des Grafen,
Seines Nachbars, brannt' er nieder,
Seines Freundes, der ihn hegte
Nur zu glimpflich, nur zu bieder;

22 Der um freches Wort den Frechen
Endlich wies von seiner Türe,
Ahnungslos, dass eines Schelmen
Rachedurst ihm Gluten schüre.

23 Hier, die rechte Hand erheb' ich,
Sonder Mein die Wahrheit sag' ich:
Elmar, Falk vom Habichtshofe,
Dich auf deinen Hals verklag' ich!" –

24 Rauscht' ein Kranichheer vorüber,
Das an stiller Bergeshalde
Ruht' und aufgescheucht vom Jäger
Mit Gekreisch entfloh dem Walde?

25 Brauste durch den Ring der Sachsen
Wut und Wehruf tausendstimmig?
Werinhard, der freie Bauer,
Hob die Faust und lachte grimmig.

26 Über Achsel blickte Elmar
Mit Erröten auf den Sprecher:
Schämen muss sich der Besiegte,
Übermocht' ihn Schuft und Schächer. –

27 Drauf der Graf: „Des Bischofs Neffen
Seh' ich hier in harter Fehde:
Elmar, du vernahmst die Klage,
Dein ist jetzt die Widerrede.

28 Richter sind und Eideshelfer
Standesgleiche, Edelinge,
Diese auf den Schöffenstühlen,
Jene dort im Männerringe.

29 Aus des Männerringes Freien
Darfst du dir den Fürsprech wählen:
Brauche dich des Rechts; dem Besten
Kann das Wort im Eifer fehlen."

30 Elmar sagte: „Einen Fürsprech,
Zungenscharfen und beredten,
Führt' ich sonst; er schläft, und heute
Will ich mich allein vertreten.

31 Einer riet mir: ‚Nächst den Göttern
Trau dir selbst und deinem Schwerte,
Dann dem Ross und dann dem Freunde,
Wenn er neunmal sich bewährte.‘

32 Zwar in fein verschlungnen Sätzen
Kluge Worte klug zu stellen,
Lernt' ich nicht von Wogenreitern,
Nicht von rauen Waldgesellen.

33 Warm das Herz und kühl den Schädel,
Biet' ich Trotz des Feindes Tücken,
Und in Not und rechter Sache
Wird das rechte Wort sich schicken.

34 Königsbote, falscher Neiding,
Traun, du hassest mich unsäglich!
Hasst' ich dich, mir wär' es Schande,
Denn du bist zu klein und kläglich.

35 Ist mir leid um meinen Namen,
Dass ihn nur gehaucht dein Odem:
Was du sprichst, das ist besudelt,
Denn dein Hauch ist gift'ger Brodem.

36 Männer, wes er mich bezichtet,
Solch Verruchtes tat er selber!
Tatst du nicht? Mir in die Augen
Sieh und sage Nein, du Gelber! –

37 Hatt' er Blut an mir zu rächen?
Trat er offen mir entgegen,
Frei dem Freien, zu bezahlen
Hieb mit Hieben, Schlag mit Schlägen?

38 Laurer! Aus dem Hinterhalte
Sandt' er mir sein tückisch Eisen.
Hier die Wunde, die noch blutet,
Mag sein Bubenstück beweisen.

39 Traf ich ihn? An seinem Leibe
Zeig' er doch ein blaues Fleckchen,
Schrund' und Beule, nur den kleinsten
Riss am zarten Seidenröckchen.

40 Viel zu rein sind meine Hände,
Solchem nur den Bart zu raufen;
Zwar ein paar unmilde Worte
Sagt' ich ihm und ließ ihn laufen.

41 Doch er schwor! Den Schrei zu hohen
Himmelsmächten soll man ehren? –
Geht; wer eine Meintat übte,
Kann auch einen Meineid schwören!"

42 „Elmar, sieh nach deinen Worten!",
Rief der Graf. – „Nach seinen Werken
Sehe jeder! Mich zu schirmen
Ist mein Recht, das sollt Ihr stärken."

43 „Doch du schmähst des Königs Boten!" –
„Wahrheit sprechen heißt nicht schmähen.
Königs Bote? Selbst der König
Muss für sein Behaben stehen!

44 Auch der König hat die Treue
Gegen Land und Volk zu halten!
Sei er stark, doch weis' und milde;
Also lehrten uns die Alten.

45 Sandt' er den und keinen Bessern,
Lernt das Volk den König hassen;
Dächte wie das Volk der König,
Diesen würd' er peitschen lassen!"

46 Rief der Graf: „Ich muss dich mahnen –
Sachsenschädel, harte Knorren!"
Elmar sagte: „Starke Herzen,
Unentwegt und unverworren!"

47 Rab, der greise Eschenburger,
Warf zurück die krausen Zöpfe:
„Freilich waren unsre Klingen
Härter einst als eure Köpfe!

48 Kärglich uns die Luft zu messen,
Seid ihr krämerhaft geschäftig;
Doch die breite Brust des Sachsen,
Atmen will sie voll und kräftig.

49 Auch der Zorn hat seine Rechte!
Worte sind des Schwertes Klirren,
Taten sind des Schwertes Hiebe:
Elmar, lass dich nicht beirren!"

50 Elmar sprach: „Des Götzendienstes
Zeiht er mich vor Ring und Dinge:
Trügt ihr's, so ich frech zu höhnen
Euern Gott mich unterfinge?

51 Wo ich mich in Demut beuge,
Darf ein Tor nicht ruchlos schelten:
Was euch heilig, will ich achten;
Was mir heilig, lasst es gelten!

52 Euern Priestern, euern Mönchen
Zins und Zehnten gab ich willig;
Sprecht, was habt ihr uns gegeben? –
Lasst uns atmen, das ist billig!

53 Nein, ihr braucht sie nicht zu dulden,
Menschenrechte müsst ihr ehren!
Erstes Recht ist Recht zu beten,
Und das darf kein König wehren!

54 Irren wir? Vielleicht; was atmet,
Irrt und tappt in Finsternissen
Blöden Auges; die Lebend'gen
Glauben – und die Toten wissen.

55 Irr' ich? Einer ist der Hohe,
Einer ist der Ebenhohe,
Und – der Dritte! Drei sind Einer,
Flammen drei in einer Lohe.

56 Heißt das Götzendienst, ihr Männer?
Klingt euch das wie fremde Märe?
Und doch ist es Quell und Ursprung
Unsres Wahns und eurer Lehre!

57 Wisst ihr Bessres? Dünkt euch besser,
Was man nur mit Schwert und Gluten
Pred'gen mag den Hoffnungslosen,
Die verhungern und verbluten?

58 Ihr entsinnt euch – doch ich schweige.
Nur noch dieses: Hier der Freche,
Schalt er mich nicht einen Brenner,
Wähnend, dass ich widerspreche?

59 Sachsen, gegen solche Schmähung
Mag ein Franke sich empören:
Mir geziemt es, nichts zu sagen,
Euch gebührt es, nichts zu hören!"

60 Drauf der Graf: „Der Widerklage
Muss ich manches Wort vergessen:
Rab, ich will nothaftem Manne
Nicht mit karger Elle messen.

61 Falk, tu dar durch Urkundsmänner,
Dass der Kläger falsch berichtet.“ –
„Waffen! Hätt’ ich Urkundsmänner,
Nimmer stünd’ ich hier bezichtet!

62 Dennoch, einen kann ich stellen:
Kläger, tritt hervor als Zeuge,
Widersprich dir selbst, sei ehrlich,
Sei zum ersten Mal nicht feige!

63 Sag, denn niemand weiß’ es besser,
Sag: ‚Ich log!‘ – Doch ich verzichte:
Bleib nur schlecht! Mir ist ein Greuel
Jede Gunst von solchem Wichte.

64 Beiß dir nur die grünen Lippen
Blutig nicht! Du hast nur Galle;
Dass du logst, mein Gott und deiner
Weiß es, und ihr wisst es alle.“

65 Stotternd sprach der dürre Franke:
„Will der Graf sich nicht bequemen,
Vor der Unbill eines Wilden
Mich in bessern Schutz zu nehmen?“

66 Drauf der Graf: „In jungen Köpfen
Wirbeln, wie das Rad im Sporne,
Rastlos rollend die Gedanken,
Und die Zunge dient dem Zorne;

67 Und der Zorn hat seine Rechte,
Wie zu Dank wir jetzt erfahren;
Doch ist’s gut, bei warmem Herzen
Sich den Schädel kühl zu wahren.

68 Falk, du tobst! – Dir ist verstattet,
Eideshelfer zu begehren:
Sieben Hände, sechs und deine,
Heischt das Recht, dich loszuschwören.

69 Kühl den Kopf! Mit Zucht und Sitte
Ziemt es sich, um Gunst zu werben:
Sei bescheiden, deine Sache
Geht auf Leben und auf Sterben!“

70 Elmar drauf: „Wohlan, ich frage,
Wer hier von dem Rat der Zwölfe,
Wer dort aus dem Ring der Hörer,
Edler Mann, mir Rechtes helfe?“ –

71 O, wie rasch sein helles Auge
Schöffenbank und Ring durchspähte!
Keine Regung! – Bis zum Nacken
Schoss ihm dunkle, dunkle Röte.

72 Sprach der greise Eschenburger:
„Soll sein Leuteruf erschallen
Und aus Sachsenbrust dem Sachsen
Keine Antwort widerhallen?

73 Was? Noch schwingen freie Flügel
Auf der Eschenburg die Raben:
Falk, ich werde für dich schwören!
Graf, Ihr könnt den Eid mir staben;

74 Niemand folgt? – Wer sonst die Augen
Schweifen ließ mit keckem Mute,
Sitzt gebückt und stiert zu Boden,
Still, als ob die Nas’ ihm blute.

75 Stiert nur, wagt nur, überlegt nur:
‚Freilich – doch – allein – indessen!' –
Mögen in der Sterbestunde
Euch die Heiligen vergessen!" –

76 Rief herüber aus dem Ringe
Werinhard, der freie Bauer:
„Weh, dass wir kein Wappen führen,
Mir und manchem macht es Trauer!

77 Dürft' ein Bauer Bauernehre
Für den Edelherrn verpfänden,
Falk, wir alle würden schwören.
Tät' es not, – mit blut'gen Händen!"

78 Tausend Kehlen riefen Beifall
Aus der dicht gescharten Menge;
Trotzig halb und halb verlegen
Stierte Gero ins Gedränge.

79 Sprach der Falk: „Ich muss euch danken!
Wenn ich Ohm und Bruder hätte,
Vetterschaft und Schwähersippe,
Stünd' ich nicht auf dieser Stätte.

80 Einzler Baum ist leicht zu fällen,
Rast der Sturm ihm ins Geäste;
Kracht die Wurzel, schnell entflattern
All die Finken, seine Gäste.

81 Las ich doch im Runenbuche:
‚Schmeichelworte hörst du heute;
Ladet morgen dich der Richter,
Gibt dir niemand das Geleite.'

82 Gab mir niemand das Geleite,
Brauch' ich niemands Gunst zu loben:
Meine Zeugen, meine Helfer
Sind die Wissenden dort oben! –

83 Graf, Ihr sagtet, meinesgleichen
Sei'n berufen, mich zu richten:
Meint Ihr diese, auf die Gleichheit
Muss und mag ich gern verzichten.

84 Meinesgleichen? – Königsknechte! –
Traun, ich wähne, ärgre Schelme
Als der Schelm, der mich verklagte,
Gingen niemals unter Helme.

85 Aber Macht ist Recht; der Fremde,
Nützen kann er oder schaden:
Drum ihr Sachsen, kluge Streber,
Werbt ihr klug um Gunst und Gnaden.

86 Seine Worte sind Beweise,
Meine Worte Windesrauschen;
Sprech' ich, gafft ihr in die Bäume,
Spricht er, neigt ihr euch, zu lauschen.

87 Vor dem Tagesgötzen liegt ihr
Auf dem Bauche, wie befohlen,
Statt mit frei gehobner Stirne
Festzustehn auf eignen Sohlen.

88 Ihr? Zu einer blassen Meinung
Könnt ihr nicht den Mut erbringen;
Wie gelang' es euch, zu kühner
Rettungstat euch aufzuschwingen?

89 Nein, ihr seid nicht meinesgleichen,
Nur Gesindes Ingesinde!
Wartet nur, man wird euch lohnen:
Gunst ist Schnee mit dünner Rinde.

90 Wartet nur: Ein kahler Franke
Wird in eure Wolle schlüpfen
Und, wo ihr mit Mühe sätet,
Lachend seine Garben knüpfen.

91 Freien Männern zu gebieten,
Schönstes aller Königsrechte: –
Armer Ludwig, dir zu Füßen
Liegen willenlose Knechte!“ –

92 Drauf der Graf: „Nach Fug beendet
Und geschlossen ist die Frage;
Elmar, deine Widerrede
Brachte nicht zum Fall die Klage.

93 Ohne Zeugen, ohne Helfer
Bist du sieglos hier geblieben:
Nun, ihr Schöffen, eures Amtes
Ernste Pflichten mögt ihr üben.

94 Dreifach ist der Falk bezichtet,
Hart bedrängt an Leib und Ehre:
Freie Edle, wägt behutsam
Eures Worts Gewalt und Schwere!

95 Euer ist's, das Recht zu weisen
Und das Urteil dann zu finden,
Dass ich es auf Königsnamen
Als ein rechtes mag verkünden.“ –

96 Alles stumm; die gelben Blätter
Bebten von den Lindenästen,
Und die kranke kühle Sonne
Stand in Wolken tief im Westen.

97 Und ein kleiner Vogel zirpte
Hoch im Wipfel leise Klagen:
„Winter wird es, trüber Winter;
Ach, wie werd' ich's nur ertragen!“ –

98 Tief gebückt und Bein auf Beine
Saß der Graf, und nur zuzeiten
Ließ er traurig düstre Blicke
Über den Verklagten gleiten.

99 Bei den Schöffen Rat und Raunen;
Endlich war der Schluss gewonnen;
Streichend durch die Locken sagte
Dodiko vom Eberbronnen:

100 „Erstes Wort dem jüngsten Manne!
Bin ich gleich dem Falken huldig,
Dennoch, ob mit schwerem Herzen,
Heiß' ich um Verrat ihn schuldig.“

101 Thietmar drauf, sein kluger Vetter,
Stotterte: „In diesem Falle
Ich desgleichen.“ – „Ich desgleichen“,
Wolf und Rolf vom Turm – und alle,

102 Bis auf Rab. Der grimme Kämpe
Sah verächtlich auf die Elfe:
„Hört mich: Ich, der Eschenburger,
Sprech' ihn los, so Gott mir helfe!“ –

103 Langsam sich vom Stuhl erhebend
Nahm der Graf das Wort und sagte:
„Recht sei Recht! Mit Achtung lausche
Unserm Wahrspruch der Beklagte.

104 Elmar, Falk vom Habichtshofe,
Schwere Untat ward beschworen:
Um Verrat an deinem König
Hast du Hand und Hals verloren.

105 Zwar ins Wilde braust die Jugend,
Sänftigt nicht der Rat der Alten:
Weil du vaterlos und feurig,
Mag für Strenge Milde walten.

106 Nun vernimm: Dein Gut und Erbe
Ist verstrickt und königseigen,
Haus und Hof, vom Grund zum Giebel,
Feld und Wald mit Zopf und Zweigen.

107 Rechtlos, Elmar, bist du selber
Und in Acht und Bann gesprochen,
Friedlos, wehrlos: Des zum Zeichen
Wird dein Pflug und Schild zerbrochen.

108 Sieh dich vor, mit einem Rosse
Hast du Mark und Gau zu räumen,
Eh zum dritten Mal die Sonne
Scheidet von des Osnings Bäumen.

109 Das ist Königsrecht im Lande!
Dennoch, Elmar, darfst du hoffen:
An den Königsstuhl in Aachen
Steht dir die Berufung offen." –

110 Durch den Ring der Gaugesessnen
Wogt' ein Schrei, ein dumpfes Grollen,
Wie zerwühlt von jähem Sturme
Tiefe Wasser schäumend rollen.

111 Rief der greise Eschenburger:
„Graf, das Urteil muss ich schelten!
Gehn sie auch in langen Locken,
Unfrei sind sie, die es fällten.

112 Stelle sich zum Kampf der Kläger,
Dass er seinen Eid erhärte,
Ob er mag, durch Gottesurteil,
Leib auf Leib mit nacktem Schwerte!"

113 Gero trotzte: „Welch Verlangen!
Waffenehre soll ich wagen
Wider ihn, ehrlosen Ächter
Mit dem Weidenstrick am Kragen?"

114 Rab darauf: „Dich würd' er kleiden! –
Was der Knabe stritt und strebte,
Traun, des brauchte sich sein Vater
Nicht zu schämen, wenn er lebte,

115 Färbt sich rot die Spur des Bären,
Wächst der Mut auch feigen Hunden:
Neiding, du verhöhnst den Kranken
Und entflohst vor dem Gesunden!"

116 Elmar lachte, Harm im Herzen,
Feuer auf der hohlen Wange:
„Wenig dank' ich Eurer Milde,
Spracht Ihr gleich mich los vom Strange.

117 Euer Urteil macht mich elend;
Statt dem Henker mich zu geben,
Statt am Leben mich zu strafen,
Straft Ihr zehnfach mit dem Leben.

118 Zeigt Ihr mir den Weg nach Aachen?
Graf, mir ekelt vor der Reise!
Gütig heißt man Euern König,
Besser wär's, man hieß ihn weise.

119 Aachen? Nein! Verklagt die Krähe
Siebenfach am Kräh'ngerichte,
Ihr erlangt ein Krähenurteil:
Graf, verzeiht, wenn ich verzichte!

120 Meint Ihr Gnade? Hund und Katze,
Bettelhafte Hausvasallen,
Mögen keifen um die Brocken,
Die vom Herrentische fallen.

Photogravure v. J.B. Obernetter München.

Auf der Dingstätte

121 Gnad' erfleht der arme Sünder;
Ich will Recht von Rechtes wegen;
Heischt' ich Recht, man hielte lachend
Eu'r Gesetzbuch mir entgegen.

122 Unser Recht ist Götterwille,
Eu'r Gesetz ist Menschenmache;
Unser Recht ist Schild und Sühne,
Eu'r Gesetz ist Strick und Rache.

123 Nur Gesetz? Ihr Christenmänner,
Ich auch lauschte euern Sagen!
Nur Gesetz? So war es rechtens,
Euern Gott ans Kreuz zu schlagen.

124 Nur Gesetz? Die Arggesinnten
Hatten recht, ihn zu verderben:
Ein Gesetz bestand im Lande,
Und nach diesem musst' er sterben.

125 O ihr Franken! Wie der Jäger
Spannt dem Wilde Garn und Netze,
Also, uns hineinzutreiben,
Strickt und stellt ihr uns Gesetze,

126 Erzne Schnüre: doch die Drähte
Dünken euch zu fein gespalten!
Stränge: doch die Maschen dünken
Euch zu weit, uns festzuhalten!

127 Zieht sie knapper, schweißt und schmiedet,
Lötet, klemmt und stopft die Lücken:
Neue Löcher alle Tage,
Alle Tage neue Flicken!

128 Übt nur eure welschen Künste:
Sachsenmut ist wohl zu beugen,
Nie zu brechen; künft'ge Tage
Sind der Wahrheit beste Zeugen.

129 Scheiden muss ich, Groll im Herzen:
Edler Graf, Euch heg' ich keinen;
Glimpflich pflogt Ihr Eures Amtes,
Und Ihr seid nicht von den Meinen.

130 Wär' ich schuldig freigesprochen,
Müsst' ich Euch und mich beklagen:
Schuld will Sühne; da ich schuldlos,
Kann ich Euer Urteil tragen.

131 Ihr? Euch kommt ein Tag der Reue;
Glaubt, er kommt! – Dann werd' ich schlafen
Tief im Meer, im Sand der Düne,
Ob verstürmt, doch still im Hafen.

132 Jetzt genug der Widerrede,
Alle Rede hat ihr Ende:
Meines Schicksals dunkle Lose
Leg' ich in der Götter Hände." –

133 Bleich geworden, immer bleicher,
Griff er schwankend nach der Wunde:
Flut auf Fluten, unaufhaltsam,
Quoll das Blut ihm aus dem Munde,

134 Auf den Rasen Flut auf Fluten. –
Brach das Herz nach langem Harme?
Lautlos glitt der Vogelfreie
In des Eschenburgers Arme.

XI. Vogelfrei

1.

1 „Fertig!“, sprach der Meister Fulko;
„Hildegunden, deiner Frauen,
Kleine Imma, liebe Tochter,
Bring das Schloss; sie kann ihm trauen.

2 Wieland kaum, der Schmiedekönig,
Wüsst’ es künstlicher zu machen,
Und im Berg die stillen Leute,
Und – du Kobold, lass das Lachen!

3 Eggi, schon den ganzen Morgen
Greinst du mit vergnügtem Blicke,
Gleich als wär’ ein feistes Wildbret
Dir gegangen in die Stricke.

4 Mach dich fort, du brauner Schlingel,
Sieh mir fleißig nach den Schafen,
Dass sie nicht zu Schaden gehen
Auf dem Winterfeld des Grafen!“

5 Eggi, in der Tür sich wendend:
„Meister Fulk, Ihr habt’s geraten:
Gestern war’s; ein Edelmarder,
Und Herr Gero will ihn braten.“

6 „Geh, du Gauch! – Er grollt dem Falken“,
Sprach der Schmied; „wohl mag er lästern;
Härter als uns je der Franke
Schlug der Sachs den Sachsen gestern.

7 Wie man einen wutverdächt’gen
Hund erhängt am nächsten Aste,
Ward ein Edler preisgegeben,
Weil ein Bösewicht ihn hasste.

8 Stolzer Falk! Vom Wald zur Weser
Wird kein treures Herz gefunden! –
Doch da ist er selbst: – o Imma,
Wie verhärmt in wenig Stunden!“

9 Elmar kam; der greise Diethelm
Schritt ihm nach mit finsterm Mute; –
Zorn und Tränen in den Augen,
Führt’ er eine weiße Stute.

10 Sprach der Falk: „Des letzten Dienstes,
Meister Fulko, magst du pflegen:
Spute dich, mit Weiheworten
Feste Eisen aufzulegen.

11 Spute dich, du kluger Meister,
Feste Eisen, gute Eisen
Aufzulegen meinem Tiere,
Denn wir haben weit zu reisen.

12 Weit zu reisen, Meister Fulko!
Drum von all den edlen Rossen
Nicht das beste, doch das treuste
Wählt’ ich mir zum Fahrtgenossen.“

13 Stumm und traurig sah der Alte
Auf den Mann und auf das Fohlen;
Dann, sein Werkgerät ergreifend,
Fuhr er durch der Esse Kohlen;

14 Und mit zornig wüsten Schlägen
Schlug er, dass der Amboss stöhnte,
Schlug er, dass die Balken sangen
Und das Grundgemäuer dröhnte.

15 Flammen stoben, Funken spritzten;
Härter hieb der Schwerergrimmte,
Bis des Erzes glühe Stange
Wie ein Wurm sich wand und krümmte.

16 Plötzlich aber sank die Rechte,
Und, erfasst von wildem Jammer,
Warf er auf den Herd das Eisen,
In den Winkel Zang' und Hammer.

17 „Nein, ich kann, ich kann nicht, Elmar;
Nein, du kannst, du kannst nicht gehen!
Um den Wiedehopf, den Gecken,
Sollen wir dich scheiden sehen?

18 Sind noch Götter? Unsre Götter
Zürnen, weil wir sie verlassen,
Und der weiße Gott der Christen,
Den wir hassen, muss uns hassen.

19 Büßung heischt der große Frevel!
Erst versöhnt an heil'gen Stätten,
Muss das Volk die Wehr ergreifen,
Und – der Alte wird uns retten.

20 Letzte Nacht in Sturmesbrausen
Fuhr er zürnend her vom Norden:
Sollt' er nicht? Warum, wir Toren,
Sind wir untreu ihm geworden?

21 Elmar, bleib! Geh vor, wir folgen;
Zieh dein Schwert: wir werden siegen!
Einmal noch im roten Banner
Lass das weiße Fohlen fliegen!

22 Elmar, bleib! Was dir geschehen,
Schande ist es, Schmach uns allen;
Gestern, an der Linde, hörtest
Du den Zuruf nicht erschallen?

23 Wir, der Werkmann und der Bauer,
Stehn zu dir, den Schimpf zu rächen:
Hünen, die wie Haferhalme
Frankenspeere spielend brechen;

24 Harte Hände, die in Scherben
Schild und Panzerrock zerschlagen;
Felsennacken, die den Reiter
Samt dem Ross zum Sumpfe tragen!

25 Und die Gegner? Immer lustig,
Reigenspringer, immer heiter,
Lockenkräusler, Salbenköche,
Zwölf ein Dutzend – und nichts weiter.

26 Weich Geziefer! Viel zu lange
Litten wir's; auf, uns zu wehren!
Klirrt das Land, der graue Kämpe,
Widukind, er wird es hören.

27 Täuschung ist es, Frankenfabel,
Dass der Held, im Kampf ermattet,
Sei verzagt zu Kreuz gekrochen
Und im Wessagau bestattet.

28 Niederwärts im Weserwalde
Schläft er nur im hohlen Steine,
Schlachtbereit mit Ross und Mannen,
Harrend, dass sein Tag erscheine.

29 Oft, wenn nachts die Wetter tosen,
Weckt er seine Schwertgesellen:
‚Riefen nicht des Waldes Wipfel?
Mahnten nicht des Stromes Wellen?'

30 Dann hinauf die blaue Weser,
Dann hinab die blanke Lippe,
Und ‚Zu früh, zu früh!' erseufzend
Kehrt er heim zur düstern Klippe. –

31 Falk, mir deucht, jetzt ist die Stunde.
Hebt sich nur mit Waffenschalle
Reisig Volk in allen Gauen,
Kommt er und befreit uns alle.

32 Heergeräte weiß ich liegen,
Kunstgebilde kluger Zwerge,
Stahlgewand und alte Schwerter
Aufgehäuft im nahen Berge.

33 Lass das Bauernhorn erklingen!
Folgen wird dem Racherufe
All das Volk im Lederschurze,
All das Volk von Kamp und Hufe.

34 Zündend, schnell wie Heidefeuer,
Wird der Schrei die Welt durchfahren:
Ja, sie kommen, traun, sie kommen,
Schildgenossen, Schar auf Scharen!

35 Schlechte Menschen, schlechte Zeiten:
Allen wird, was sie verdienen,
Und die Freiheit nur den Wackern,
Die der Freiheit sich erkühnen.

36 Können wir's? Ich sah's am Süntel;
Zu uns stand der alte Woden:
Solch ein Tag! Des Blutes Ströme
Rissen Furchen in den Boden.

37 Nur ans Werk! Erst recht im Zorne,
Werden wir die Welschen schlagen,
Wie am Osning sie den Vätern
Und am Süntel uns erlagen." –

38 Elmar sprach: „Welch glühe Kohlen,
Fulk, im alten Kopf dir brennen!
Schnee auf einem Feuerberge
Ist dein Silberhaar zu nennen.

39 Trauter Fulk, die Welt ist kühler!
Machst du heiß das Blut der Schnecke?
Glaubst du, dass ein Ruf die Träumer
Rasch vom Rat zur Tat erwecke?

40 Zwar die Menge grollt, sie hatte
Lust zum Zausen und zum Zerren,
Doch erschlafft auf ihren Höfen
Dehnen sich die Edelherren.

41 Ihren Mut erprobt' ich gestern!
Als ich stand in Not und Fährde,
Zagten sie, wie vor des Waldes
Grauhund zagt die Lämmerherde.

42 Blöde, die das Herz nicht hatten,
Eine Hand für mich zu heben,
Werden die zum Schwerte greifen,
Wenn es geht auf Tod und Leben?

43 Zwischen Mögen und Vollbringen
Liegt bei uns des Zauderns Öde
Und ein Sumpf; ein Tatenmörder
Ist der Sumpf der deutschen Rede.

44 Fulk, wohl mag dein Amboss ächzen
Unter schweren Hammerschlägen;
Dennoch hält er still; wir murren,
Ohne Faust und Fuß zu regen.

45 Pochten alle Männerherzen
Heiß wie deines, warm wie meines,
Kein vermessner Frankensporen
Klirrte noch diesseits des Rheines:

46 O wir haben harte Hände,
Unser Leib ist Wall und Mauer;
Doch wir schleichen träg zum Werke,
Und im Werke fehlt die Dauer.

47 Nicht zum Kriege, nur zum Kampfe
Zieht der Sachse; schnell zu schlagen,
Ist sein Sinn, um heimzukehren
Und daheim den Hirsch zu jagen.

48 Länger lag er nie zu Felde,
Als er nicht den Pfühl entbehrte,
Als im Sack der Haferkuchen
Und der Trunk im Lägel währte.

49 Schelten würd' ich, spräch' ein Fremder,
Was ich scheltend von uns spreche:
Nicht des Feindes Macht, uns beugte
Göttergrimm und eigne Schwäche.

50 Darum hat der Lockenkräusler
Zehn Mal uns im Kampf bezwungen,
Darum hat der Reigenspringer
Auf den Boden uns gerungen.

51 Fragst du, was ich möchte? Waten,
Waten bis ans Knie im Blute!
Was ich muss? Zu hoffen raten,
Ob mit Grimm und finsterm Mute.

52 Erzbewehrt an Ems und Lippe
Harrt der Feind in hellen Haufen,
Fertig zu willkommner Arbeit,
Wie bei Verden – uns zu taufen.

53 Schon zu viel ist edlen Blutes,
Warmen Bauernbluts geflossen,
Fruchtlos: schon zu viel der Äcker
Sind zerstampft von fremden Rossen.

54 Sollen wieder Hof und Hütte
Glühn in roten Flammensäulen?
Soll der hagre Wolf, der Hunger,
Wieder durch die Dörfer heulen?

55 Dreister Griff gebührt dem Dreisten,
Doch ins Tolle stürmt ein Toller;
Berserkbrauch ist, nackt zu kämpfen,
Klugen Manns, in Helm und Koller.

56 Mag der Rat der Götter walten,
Menschenwitz kann wenig frommen:
Fulk, das eine ist gewesen,
Und das andre seh' ich kommen.

57 Lass mich gehn! – Von Hof und Heimat
Blieb mir heut am Scheidetage
Nichts – als eine Handvoll Erde,
Die ich auf dem Herzen trage.

58 Fulk, nun tu, was ich gebeten!" –
Auf den Wangen Leichenblässe
Stand der Schmied, und schmerzlich stöhnend
Trat er langsam an die Esse;

59 Pochte, hielt und pochte wieder;
Endlich schritt er aus der Pforte,
Und die Eisen unterschlagend,
Raunt' er leise Wünschelworte:

60 „Frommes Rösslein, kluges Rösslein,
Eisen vier will ich dir legen,
Feste Eisen, gute Eisen:
Das ist Donars Hammersegen!

61 Geh zu Holz und geh zu Hause,
Immer geh auf graden Wegen;
Weit, was unhold ist, entweiche:
Das ist Donars Hammersegen!

62 Ward dir Weh und ward dir Wunde,
Blut zu Blute soll sich regen,
Bein zu Beine soll sich fügen:
Das ist Donars Hammersegen!

63 Trag den Reiter, treues Rösslein,
Allem Glücke gern entgegen,
Trag ihn hin und trag ihn wieder:
Das ist Donars Hammersegen!

64 Falk, nun fahre!" – Drauf der andre:
„Habe Dank, du frommer Meister!
Bürgen sind mir deine Wünsche,
Mit mir fahren gute Geister. –

65 Nun hell auf, du alter Knabe,
Diethelm, komm, nimm beide Hände,
Beide und die letzten Grüße,
Die dem Heimatland ich sende.

66 Weinst du gar? Es ist so bitter,
Alte Augen weinen sehen!
Falkenart ist starkes Mutes,
Falkenart – jetzt musst du gehen!

67 Was der Mutter du verheißen,
Hast du brav und treu gehalten. –
Mit mir willst du? Soll der Franke
Auf dem Hof nach Willkür schalten?

68 Weißt du doch, zu Königseigen
Ist das Falkennest gesprochen
Und der kahle Königserbe
Morgen schon hineingekrochen.

69 Lass den greisen Kopf nicht sinken,
Diethelm, trockne deine Zähren;
Bleib und tu, was recht, und hoffe,
Wie ich hoffe heimzukehren! –

70 Imma, deiner holden Herrin
Neig' ich mich, sie ist mir teuer;
Sag ihr, – nein, nichts sag ihr, Imma,
Bin ich doch ein Vogelfreier!

71 Nimm das Schwert, den Ring hier, Imma;
Sag, der Ring sei zum Gedenken,
Sag, das Schwert sei zum Bewahren,
Will ein Gott mir Heimkehr schenken!

72 Jetzt von hinnen!" – Durch den Flieder,
Der das Rasendach beschirmte,
Fuhr der Wind; die letzten Beeren
Fielen, und das Laub verstürmte.

2.

73 Wo am Waldesrand der Tannen
Dunkle Äste talwärts schwanken,
Stand verhohlen eine Jungfrau
Zwischen Farn und Brombeerranken,

74 Regungslos, gekreuzt die Hände,
Vorgebeugt in tiefem Sinnen;
Tropfen wehten, kalte Tropfen
Auf ihr Kleid von weißem Linnen.

75 War sie aus dem Sarg gestiegen?
War die Stille, Marmorbleiche
Von den Armen, die da wandern,
Friedlos selbst im Friedensreiche? –

76 Starren Auges sah sie nieder
Nach der Schmied' am Erlenhage;
Wirbelnd in die grauen Lüfte
Stieg der Rauch wie alle Tage;

77 Und wie alle Tage rollten
Oben dunkle Wolkenbälle,
Und wie alle Tage rauschte
Durch das Tal des Baches Welle;

78 Und wie alle Tage dröhnten
Hammerschläge weit im Grunde;
Doch – jetzt fuhr sie auf, ein kurzer
Jammerschrei erstarb im Munde.

79 Vor der Schmiede Frau'n und Männer;
Einer hielt ein Ross am Zügel,
Einer nahm es, und hindannen
Ritt er sacht am Heidehügel,

80 Einsam, waldwärts: Busch und Bäume
Sah sie hinter ihm sich schließen;
Stumm, den Finger an der Lippe,
Winkte sie ein letztes Grüßen.

81 Dann, die Hände hochgehoben,
Sang sie leise: „Selig fahre,
Der da fährt, des Herzens stiller
Trautgesell seit manchem Jahre!

82 Wo er wolle, wo er wohne,
Weile Friede, wie da weilte,
Da die Reine des genesen,
Der der Welt die Wunden heilte.

83 Der der Welt die Wunden heilte,
Möge sein in Gnaden pflegen,
Mög' im fernen fremden Lande
Ihn geleiten und umhegen;

84 Ihn umhegen und geleiten,
Dass er gute Herberg finde;
All die Hüterschar des Himmels
Sei ihm holdes Fahrtgesinde;

85 Sei ihm treuer Weggenosse,
Der Tobias' Sohn gen Meden
Und zurück zu Herd und Hufe
Führte durch Gebirg und Öden!

86 Und du Hochgebenedeite,
Die zu helfen nie versagte,
Wenn ein Herz voll Harm und Sorge
All sein stummes Weh dir klagte:

87 Hehre Frau, zu deinen Füßen
Weint die Jungfrau: Selig fahre,
Der da fährt, des Herzens stiller
Trautgesell seit manchem Jahre!" –

88 Kraftlos sank sie auf die Knie,
Tränen, bittre Tränen rannen,
Und des Herbstes kühle Schauer
Rauschten durch die finstern Tannen. –

89 Geh nun heim, du Kummervolle;
Deine Bitten, deine Klagen
Wird ein kleiner lichter Engel
Weinend in den Himmel tragen.

3.

90 Tiefer Wald! Von Stamm zu Stamme
Wob die Dämmrung graue Fäden,
Und die Bäume und die Tiere
Wechselten geheime Reden.

91 „Nahmt ihr wahr", begann die Elster,
„Den vom Habichtshofe heute?
Traurig ritt er durch die Fichten,
Diesmal ohne Mann und Meute."

92 Sprach der Markolf: „Weh dem Kranken,
Denn er reitet zu den Toten;
Leidvoll sah ich ihn umflattern
Dich, der Hel schwarz-weißen Boten."

93 Hähnchen mit der roten Kehle
Lachte hell, der muntre Schreier:
„Husch! Ich bin ein freier Vogel,
Und er ist ein Vogelfreier!"

94 Drauf die Fichte: „Bleich und schwankend
Hielt er sich mit Not im Bügel,
Und der Königsbote sah ihm
Lachend nach vom Heidehügel."

95 Sprach die Eiche: „Fest gewurzelt
Glaubt er sich wie meinesgleichen;
List ist stärker als die Stärke,
Denn der Stärkste muss ihr weichen."

96 Seufzend sprach der Dachs: „Das Schwerste
Muss der frömmste Mann befahren:
Armer Falk, vor Unbill konnte
Freier Mut dich nicht bewahren!"

97 Sprach der Bär: „Gelingt's ihm übel,
Traun, mich soll es wenig grämen;
Schlug er doch den Stolz des Waldes,
Wikbert, meinen großen Öhmen."

98 Sprach der Wolf und rieb die Tatzen:
„Wär' zur Stelle meine Sippe,
Morgen läg' auf rotem Rasen
Nur sein Wams und ein Gerippe!"

99 Füchslein greinte: „Lachen muss ich,
Wenn sich meine Widersacher
Toll zerreißen und zerbeißen:
Traun, am längsten lebt der Lacher!"

100 Rasch sich kugelnd sprach der Igel:
„Schelme seid ihr, gram dem Besten,
So voll Fäulnis, dass die Worte,
Die ihr sprecht, den Wald verpesten."

101 Rief der Bussard: „Lass sie schwatzen!
Falkenart ist stolz und mutig,
Stets bereit, dem Trotz zu trotzen,
Sei auch Fang und Feder blutig."

102 Rabe sprach: „Zum Dänenreiche
Geht sein Pfad, zu Königshallen.
Fern im Nord; viel weiße Flocken
Werden auf den Weg ihm fallen."

103 Wispelnd drauf die Eberesche:
„Hätt' er eine meiner Ruten,
Starker Zauber führt' ihn sicher
Über Heid' und wilde Fluten."

104 Amsel sang: „Bei seinem Hofe
Wohnt' ich ruhig und in Ehren.
Was wohl meine Vettern sagen,
Wenn im Lenz sie wiederkehren?"

105 Dann der Specht: „Geheime Runen
Las ich zwischen Holz und Rinde;
Jeder liest sie nicht; ich hoffe,
Dass er bald den Heimweg finde."

106 Sang die Lerche: „Hier geblieben
War ich, um ihn gleich zu grüßen,
Wenn die ersten Blätterkeime
Am Holunderbusche sprießen." –

107 Stille wurd' es; durch die Birke
Ging ein Wispeln und ein Wehen
Leise, leise wie im Traume,
Doch es war nicht zu verstehen.

108 Nur im Schilf ein heimlich Schwirren:
„Ihr, der Brucht behende Gleiter,
Glatte Wellen, eilt zur Nethe
Rasch hinab und hurtig weiter;

109 Hurtig sagt den Weserfrauen,
Dass sie ihm die Flucht verwehren;
Bleiben müssen sie im Lande,
Die wie er dem Land gehören."

110 Doch der Uhu, einsam grollend,
Saß in dunkler Felsenritze;
Tief ins braune Brustgefieder
Bohrt' er seine Schnabelspitze:

111 „Welch ergötzliche Verblendung,
Welch ein Aufwand von dem Knaben:
Haben will er eine Meinung,
Seine Meinung will er haben!

112 Weise ist es, beide Augen
Auf das Fördersame lenken
Und in kluger Selbstverleugnung
Denken, was die Starken denken.

113 Was ist Recht? Gewalt'ger Wille,
Der da biegt und beugt die Köpfe,
Wie der Sturm, der alte Riese,
Biegt die schwanken Weidenzöpfe.

114 Freiheit ist die schöne Stimmung,
Mit Behagen, mit Vergnügen
In Verzicht auf eignen Willen
Fremdem Willen sich zu fügen.

115 Denn gemächlich und ersprießlich
Ist's, im Tross der Macht zu laufen,
Immer nur durch offne Tore,
Immer mit dem großen Haufen.

116 Und die Liebe, Dienst für andere?
Raserei, mir kaum zu fassen!
Denn verhasst ist mir das Lieben,
Denn ich liebe nur das Hassen.

117 Beste Lust ist Lust am Schaden!
Tröstlich war's zu sehn, wie beide
Sich zerhackten, tolle Hähne,
Rot vom Zorn und blass vom Neide.

118 Neid, du bist ein holder Knabe,
Zorn, du bist ein süßer Junge;
Neid, du hast so fromme Augen,
Zorn, du hast so sanfte Zunge!

119 Rupft euch nur, ihr armen Tröpfe,
Zupft und zaust euch Brust und Rücken:
Mit den Federn, die da stieben,
Stopf' ich meines Nestes Lücken."

120 Und der alte Neidhart lachte
Grimmig auf und murrte weiter:
„Spreizt ihr euch mit Menschenwitzen?
Stolzer seid ihr, nicht gescheiter!

121 Zwar mich hat der rote Prior
Nicht belehrt vom hohen Stuhle;
Zwar ich schliff bei Pater Biso
Nie die Bank der Klosterschule.

122 Euer Witz ist dumm und blöde,
Ganz verträumt und ganz verstübelt;
Ich, Minervas kluger Vogel,
Bin das Tier, das sinnt und grübelt.

123 Ich, Minervas kluger Vogel,
Bin das klügste von den Tieren,
Die da denken und begehren,
Weil sie hungern, dursten, frieren.

124 Was wir tun, das ist das Wahre,
Und ihr sollt uns nicht bezichten;
Will's mit der Moral nicht stimmen,
Müsst ihr die Moral berichten.

125 Eure Tugend? O ihr Schelme!
Einer ist des andern Büttel,
Ob ihr euch in Scharlach brüstet,
Ob ihr lauft im Leinwandkittel.

126 Dreht euch wohlig, faucht vor Wonne
Und wie warme Federpfühle
Bläht euch auf im Sonnenscheine:
Morgen weht ein Lüftlein kühle.

127 Übergütet euch in Güte,
Liebt und lobt euch gegenseitig:
Morgen macht ihr euch, ihr Frommen,
Selbst das Recht zu atmen streitig.

128 Eu'r humaner Liebesdusel
Ist gekünstelte Erregung,
Doch natürlich ist der Hunger
Und des Leibs bewusste Pflegung.

129 Fällt die Mahlzeit knapp und dürftig,
Geh' ich nachbarlich zu Gaste,
Frech und frei! Ein dummer Gimpel
Lebt und stirbt auf seinem Aste.

130 Vaterland? Mir gilt es wenig,
Wo ich jage, wo ich schmause:
Jagd, nur Jagd und gute Beute,
Und ein Uhu ist zu Hause.

131 Vaterland? Die dümmste Liebe
Ist, ein Vaterland zu lieben;
Dieser ward für seine Liebe
Aus dem Vaterland vertrieben.

132 Seines Unsterns muss ich lachen!
Ist die Welt um einen ärmer,
Wird sie reicher. Weg! Am meisten
Hass' ich träumerische Schwärmer!" –

133 Endlich schwieg er. Durch die Wipfel
Seufzte nur der Wind, der kalte;
Nachtgewürm, unholdes Wesen,
Kroch aus Gruft und Felsenspalte.

134 Denn gesunken war die Sonne;
Bläulich rote Wolkenfesten,
Wall und Mauerkranz und Zinne
Türmten sich im tiefen Westen.

135 Wo sich rechts und links die Berge
Nackt und schroff zum Tale neigen,
All den kleinen Bach hinunter
Klang ein Hufschlag durch das Schweigen.

136 Achtsam war der Gang des Rosses,
Sacht und sorglich schritt es weiter,
Gleich, als wiss' es wohl, es trage
Einen todeskranken Reiter.

137 Talwärts fort! Und leise quellend
Rann von Sitz und Sattelbinde
Dunkles Blut in schweren Tropfen
Und erstarrt' im Abendwinde.

138 Talwärts fort! Die Weser rauschte,
Graue Nebelfluten zogen;
Turm und Dach von Dreizehnlinden
Ragten aus des Dunstes Wogen.

139 Und die ew'ge Lampe glänzte
Durch die Dämmrung glüh und golden:
Nah der Pforte sank der Reiter
In des Herbstes letzte Dolden.

4.

140 Im Konvent zu Dreizehnlinden
Flackerten die Kienspanlichter
Düster auf der düstern Mönche
Tief bekümmerte Gesichter.

141 In der weiß getünchten Zelle
Stunden sie um einen Wunden,
Den am Tor bei seinem Rosse
Spät ein Klosterknecht gefunden.

142 Sorgsam war er nun gebettet
Auf dem pelzbedeckten Lager,
Kaum noch atmend, kalt, bewusstlos,
Schlaff die Glieder, hohl und hager.

143 Durch das braune Lederkoller
Sickerte des Blutes Welle;
Stirbt er? Geht der Todesengel
Durch die stille Klosterzelle? –

144 Sprach der Abt: „Ich bin begegnet
Solchem Wuchs und solchen Zügen,
Wenn nicht meine alten Augen
Mir den alten Kopf betrügen.

145 Damals stand er hochgewaltig,
Frisch in Jugendfülle blühend,
Zornig, doch in edlem Zorne,
Wie Sankt Michael, erglühend."

146 Wido drauf: „Ich kann Euch helfen;
Sollt' ihn niemand besser kennen,
Würd'ger Herr, vom Habichtshofe
Möcht' ich ihn den Falken nennen.

147 Als ich Euren Brief zum frommen
Bischof Badurad getragen,
Neulich, nah dem falschen Brunnen,
Sah ich ihn im Walde jagen.

148 Ja, er ist's; er trug dasselbe
Fein gesteppte Wams wie heute;
Vor ihm lag ein feister Zwölfer,
Um ihn die erhitzte Meute.

149 Liebreich war er; Trank und Speise
Bot er mir, dem Wandermüden,
Und durch viel gekrümmte Schluchten
Hat er mir den Weg beschieden.

150 Doch er ist ein Wodansdiener
Und, wie heut ein Bettler sagte,
Vogelfrei, dieweil um Zauber
Ihn ein Frankenmann verklagte."

151 Sprach der Abt: „Die Klostermauern
Sind gefriedet. Auf, ihr Lieben,
Was bei Lukas steht im Zehnten,
Heischt die Pflicht an ihm zu üben!

152 Beda, walte deines Amtes;
Bruder Ailrat, was vonnöten,
Schaffe lind; wir andern aber
Wollen für den Kranken beten.

153 Kommt zum Chor!" – Die Männer schritten
Sacht hinab im düstern Gange:
„De profundis!" Eine Träne
Rollte auf des Priors Wange. –

154 Armer Elmar, irrer Waller,
Wirst du Heil und Hilfe finden?
Fromme Ärzte sind die Mönche
Des Konvents zu Dreizehnlinden.

XII. Der Landsturm

1.

1 „Neue Gülte, Zins und Zehnten
Von der Wolle, von dem Flachse;
Von dem Honig neue Zehnten,
Neue Zehnten von dem Wachse;

2 Immer Dienst und Buß' und Brüchte,
Dass der Schatz des Königs wachse;
Immer Zehnten, neue Zehnten,
Immer zahlen muss der Sachse!"

3 Also sangen Weiberscharen,
Die das Tal hinauf sich trollten,
Weiberrache auszuüben
An dem Gelben, dem sie grollten;

4 All die Brucht entlang die Heitern,
Die am Osning Beeren pflückten,
Die, zu schöpfen heilend Wasser,
Sich zum Born der Iburg bückten,

5 Dunkle Ranken von der Öse,
Von der Bever braune Sprossen,
Blonde, die an Aa und Nethe
Sommerlang ihr Linnen gossen.

6 Eine schritt voran dem Zuge,
Dürr und grau wie Eichenborke;
Einen toten Haushahn trug sie
Hoch auf lang gestielter Forke:

7 Katla von der wilden Wiese,
Grimme Witib; neunzig Winter
Brachen wohl den Eisennacken,
Nicht der Brust verkalkten Sinter.

8 Höhnisch rief sie: „Der ein Jäger?
Wiesel mag er, wie der braune
Schmiedebub', im Busche stöbern
Und sie rösten hinterm Zaune!

9 Kam er hergeprunkt zu Rosse,
Armer Tropf, der Königsbote,
Bang im Bügel; statt des Falken
Einen Kuckuck auf der Pfote.

10 Ärgres Missgeschöpf als dieses
Trug ein Käpplein nie von Leder;
War's kein Kuckuck, eine Eule
War's an Kopf und Fang und Feder!

11 Mag ein edles Tier den Kranich,
Trapp' und Reiher kühn umkrallen:
Diesem Ungetüm behagt' es,
Meinen Haushahn anzufallen;

12 Mordlich meinen Morgensänger
Zu erwürgen auf der Tenne,
Und verwitwet wie ich selber
Ist nun meine letzte Henne.

13 Alten Frevel, neue Unbill
Sühnen wir mit Weiberhänden:
Königsknecht, du zahlst die Brüchte,
Königsknecht, ich will dich schänden!

14 Söhne hatt' ich, dreizehn Söhne,
O welch herzig wackre Jungen,
Alle wie des Sollings Tannen:
Alle hat der Krieg verschlungen!

15 Dreizehn! – Weiß ich, wo sie modern,
Wo sie in der Knechtschaft zittern,
Holz zur Herrenküche schleppen,
Mühlen drehn und Hunde füttern?

16 Arm ich selbst; für Zins und Zehnten
Ward mir Korn und Kuh gepfändet;
Jammer auf und ab im Lande,
Und kein Gott ist, der ihn wendet!" –

17 Wieder sang es: „Zins und Zehnten
Von der Wolle, von dem Flachse;
Neue Zehnten von dem Honig,
Neue Zehnten von dem Wachse!"

18 Radegund von Baddenhausen
Schwang ums Haupt die Eisenspindel:
„Fort die Raupen, fort die Käfer,
Fort das nagende Gesindel!

19 Was die Männer, dumme Dutten,
Von dem Übermut der Frechen
Tatlos trugen, Hohn und Hiebe,
Wir, die Weiber, wollen's rächen.

20 Sollen barfuß unsre Kinder
Um die Frankenhöfe lungern,
Bleiche Bettler wie wir Alten?
Besser hangen als verhungern!

21 Frisch voran, und niemand rede
Von Verboten und Gesetzen:
Freie Lust im Sachsenwalde
War es stets, den Fuchs zu hetzen.

22 Über ihn, den Gallengelben,
Der den besten Mann im Gaue
Erst verbiss und dann in dessen
Halle kroch als Herr vom Baue!

23 Frisch voran zum Habichtshofe!
Spaßhaft ist's, den Fuchs zu prellen;
Prellt ihn heut, sonst prellt er morgen
Euch mit Zehnten und mit Zöllen!"

24 Alle sangen: „Buß' und Brüchte,
Dass der Schatz des Königs wachse:
Immer Zehnten, neue Zehnten,
Immer zahlen muss der Sachse!"

2.

25 Auf dem Habichtshof die Ulmen
Schüttelten die alten Köpfe,
Als das Herrenhaus umflogen
Zwanzig Dutzend Weiberzöpfe;

26 Zwanzig Dutzend Weiberstimmen,
Als sie kreischten, als sie sangen;
Weiberhände zwanzig Dutzend,
Als sie Birkenruten schwangen.

27 Stumm auf einem Erlenklotze
Saß der Bote, weiß wie Kreide,
Wirr das Haar und irr das Auge,
Um den Hals die gelbe Weide.

28 Vor ihm stand die grimme Katla,
Wie ein Priesterweib zu schauen:
Wetterleuchten ihre Blicke,
Wetterwolken ihre Brauen.

29 Flammenblitz das lange Messer,
Das sie auf und nieder schwenkte;
Bleicher ward des Schächers Nase,
Die sich tief und tiefer senkte.

30 „Feiger Mordgesell, du triebest
Dunkelwerk, unheimlich grauses,
Den Besitz dir zu erschleichen
Einer Braut und dieses Hauses.

31 Sprich, wo blieb der edle Falke?
In des Waldes finstern Loden
Ist er ohne Spur verschwunden,
Wie versunken in den Boden.

32 Denn du bist ihm nachgeritten,
Und den Kranken zu bezwingen,
Den Erschöpften, Waffenlosen,
Konnte dir sogar gelingen.

33 Wo verscharrtest du die Leiche?
Sprich! – Nein, schweig! Wenn du geständest,
Ich zerschnitte dich in Stücke,
Ob du wie ein Wurm dich wändest.

34 Zwar dein Recht nach unserm Rechte
Wär', den dürren Baum zu reiten
Fünfzehn Schuhe ob der Erde,
Einen Hund an jeder Seiten.

35 Doch so faule Frucht zu tragen,
Ist kein Holz im Sachsenlande
Schlecht genug; drum magst du leben,
Gelber Gleisner, dir zur Schande.

36 Leben magst du dir zum Ekel
Und verschimpft an deinem Leibe,
Bubenspott, und doppelt schimpflich,
Weil verschimpft von einem Weibe.

37 Hoffst du auf Entsatz? Vergebens!
Ringsum ist kein Knecht zu finden,
Und der Graf, er ritt zum Bischof
Und bekennt die neusten Sünden.

38 Sei vergnügt! Dein Hals ist sicher,
Heute gilt's nur deinem Barte:
Sägen muss ich, meine Klinge,
Alt wie ich, hat manche Scharte.

39 Still, ihr Mädchen! Lass das Zucken!
Deine Schuld ist's, wenn ich fehle;
Schreist du, bist du ungebärdig,
Fährt mein Kneif dir in die Kehle. –

40 Pfui, wie bist du hübsch geworden,
Königsknecht, geschorner Igel!
Staune, hält der Molch, dein Vetter,
Dir die Pfütze vor als Spiegel.

41 Kommst du heim zu deiner Mutter,
Bring ihr Katlas Gruß! Nun fahre!
Fort mit ihm, ihr Frau'n; zu folgen
Hindern mich die neunzig Jahre.

42 Seht euch vor: Er lügt! Sein Bruder
Stellt sich tot, um zu entschlüpfen;
Auf dem Eggeweg, der Grenze,
Peitscht ihn aus und lasst ihn hüpfen!" –

43 Fürbaß ging's dem Wald entgegen;
In der Treiberinnen Mitte
Schlich der Sünder; Kopf und Knie
Schlotterten bei jedem Schritte.

44 Seitwärts stand ein Häuflein Mägde;
Aiga rief: „Er hat die Räude;
Sommer wird es; nur um Pfingsten
Greint der Schelm in solchem Kleide!"

45 Hohngelach und lautes Singen:
„Neue Zehnten von dem Flachse,
Von dem Honig neue Zehnten,
Neue Zehnten von dem Wachse;

46 Immer Dienst und Buß' und Brüchte,
Dass der Schatz des Königs wachse;
Immer Zehnten, neue Zehnten,
Immer zahlen muss der Sachse!"

XIII. Fieberträume

1.

1 „Welch ein Ringen“, sprach der Prior;
„Kommt denn niemals die Erlösung?
Nein, ich meine nicht das Sterben,
Nein, ich meine die Genesung!

2 Guter Beda, frommer Glaube
Mahnt uns, frischen Mut zu fassen;
Diesen hat uns Gott gesendet,
Und er wird ihn leben lassen.“

3 Beda drauf: „Dir keimt die Hoffnung
Aus dem Wunsch, der helfen möchte,
Still genügsam, gleich dem Moose,
Das sich nährt vom Tau der Nächte!

4 Doch Erfüllung blüht und sprießet
Aus dem Forschen und Begreifen;
Goldne Frucht, im goldnen Lichte
Nur der Sonne kann sie reifen.

5 Pater Prior, alte Meister
Lehrten mich, der Dinge Wesen
Ahnend, manches Blatt im großen
Buche der Natur zu lesen.

6 Und Gegebnes sinnig fördernd,
Hab' ich dies und das erfahren,
Denn ich ging mit offnen Augen,
Und ich geh' in greisen Haaren.

7 Doch zum Trotz den greisen Haaren,
Wohl zur Strafe meiner Sünden,
Kann ich dieses dunkeln Siechtums
Dunkle Tiefe nicht ergründen.

8 Fürchten muss ich, fast mit Grauen,
Dass im Leib des Qualverzehrten
Einer hause der Verwiesnen,
Die sich gegen Gott empörten.“

9 Ailrat sprach: „Nur Traumgebilde,
Hirngespinste eines Kranken,
Schnell wie Sturmgewölk zerflattert,
Sind es, die ihn wirr umschwanken.

10 Lächeln kann er wie ein Mädchen,
Wie ein Berserk kann er knirschen;
Jetzt im Garten bricht er Blumen,
Jetzt im Walde geht er birschen.

11 Meist auf Thorkells dunkelm Drachen
Schweift er durch den weiten Norden,
Und mir selber ist beim Lauschen
Ein Erinnern wach geworden;

12 Denn ich bin ihm oft begegnet,
Als ich noch in wilden Jahren,
Rasend durch die Sund' und Meere,
Mit dem Wikingsvolk gefahren.

13 Viel genannt, der stumme Sachse
Hieß er bei den Schwertgenossen: –
Doch vernehmt; er spricht, und wieder
Jagt er auf den blauen Rossen.“

2.

14 „Wie ein toter Stör im Sande
Klebst du an derselben Stelle:
Thorkell, sieh, die Wimpel flattern,
Meerwärts locken Wind und Welle!

15 Meerwärts spreizen sich die Franken,
Hast du Normannsmut im Herzen,
Über sie, die eitlen Prahler,
Mit dem Schwert hinwegzuscherzen!

16 Thorkell, sieh, die Wimpel flattern;
Lass den frischen Hauch uns nutzen:
Willst du träumen, kannst du träumen,
Wenn wir auf der Metbank sitzen."

3.

17 „Nein, ich mag nicht, kleine Thora!
Süßer Met, dein braun Gebräude,
Nippst du auch am Rand des Hornes,
Nein, es schafft mir wenig Freude.

18 Quellenkühle! Einen Helmvoll
Bringt mir aus dem Born im Grunde,
Den in seines Durstes Qualen
Sucht der Edelhirsch, der wunde.

19 Und an stiller Bergeshalde
Lauscht ein Reh in Tau und Blüten:
Vor dem Wolf, dem falschen Schleicher,
Mag das fromme scheu sich hüten.

20 Vor dem Wolf, dem falschen Schleicher,
Mag es fliehn mit bangem Beben;
Nicht vor mir, du schlanke Elbe,
Nicht vor mir, du liebes Leben!

21 Kam ich dir in dein Gehege,
Schwarzer Graf! Du ballst die Brauen!
Hildegunde, deine Tochter,
Ist die seligste der Frauen!"

4.

22 „Finstrer Thorkell, ringereicher
König auf der blauen Welle,
Sieben Jahre, finstrer Thorkell,
Dient' ich dir als Heergeselle.

23 Finstrer Thorkell, sieben Jahre
Für den Wind und für die Ehre,
Nicht für Thora, deine Schwester,
Folgt' ich dir durch alle Meere.

24 Dunkel ist die kleine Thora,
Und ich liebe lichte Locken,
Lichte Locken, lang und sonnig,
Wie der Flachs an Freias Rocken."

5.

25 „Asbjörn, fest die Faust am Steuer;
Thorkell, gib dem Sturm die Linnen:
Steif gen Westen! – Seht, dort schwebt sie,
Seht, dort gleitet sie von hinnen!

26 Steif gen Westen! – Seht, dort schwebt sie
In des Abends Purpurgluten;
Ihre Schleier, wie sie flattern,
Ihre Locken, wie sie fluten!

27 Half ich euch in fünfzig Schlachten,
Helft mir jetzt, die Braut gewinnen:
Asbjörn, fest die Faust am Steuer;
Thorkell, gibt dem Sturm die Linnen!

28 Riesengroß. Um ihren Nacken
Flammt und weht die rote Wolke,
Und ihr Fuß, der schnelle, flüchtet
Auf des Meers empörtem Kolke.

29 Asbjörn, fest die Faust am Steuer:
Thorkell, gib dem Sturm die Linnen:
Steif gen Westen! – Seht, dort schwebt sie,
Ah, – dort gleitet sie von hinnen!"

6.

30 „Zornig um den Vordersteven
Schäumen die empörten Wellen;
Ha, die grauen Wasserwölfe,
Wie sie springen, wie sie bellen!

31 Grimme, graue Wasserwölfe,
Helas nimmersatte Meute,
Was ihr wollt, ihr sollt es haben:
Frankenleiber, wüste Beute!

32 Kämpen, seht vom hohen Maste
Stolz des Kreuzes Banner wehen
Und darunter übermütig
Sich die welschen Wichte blähen!

33 Drauf, und knüpft die Hauben fester,
Werft die Haken, drangehalten;
Rascher Sprung an Bord des Feindes
Und ein lustig Schädelspalten!

34 Schwertgenossen, jeder wähle!
Du dort unterm goldnen Helme,
Du bist mein; zur Dunkelblauen
Fahren heut nur blasse Schelme.

35 Schlanker Knabe, – nein, ein andrer
Sei das Opfer meiner Hiebe:
Dieser, – o er hat dieselben
Stillen Augen, die ich liebe."

7.

36 „Ostsüdost! Dort dröhnt die Brandung;
Das sind Englands Kreideklippen:
Asbjörn, beigedreht, sonst brechen
Diese Nacht wir Rumpf und Rippen!

37 Segel ho! Ein seltsam Fahrzeug:
Schwarz der Steven, schwarz die Flanken;
Auf dem Deck, wie Rauch im Winde,
Bleiche Schemen wehn und wanken.

38 Alle Taue, alle Tücher,
Die an Mast und Stange schimmern,
Silbergrau wie Spinngewebe,
Dass hindurch die Sterne glimmern.

39 Ha, das Geisterschiff! Vorüber
Huscht es wie ein dunst'ger Streifen;
Rastlos bis zur Götterdämmrung
Durch die Sunde muss es schweifen;

40 Rastlos bis zur Götterdämmrung
Durch die Wasser muss es jagen,
Jede Nacht vom Belt zur Themse,
Jede Nacht vom Tweed nach Skagen."

8.

41 „Nicht ein Tanz auf grünem Anger,
Nicht ein Spiel um rote Ringe:
Nein, ein blutig ernstes Werben
Mit der breiten blanken Klinge!

42 Hurtig treibt stroman die Schiffe
Weit ins Land, ihr kühnen Wager;
Männlich ist's, man fasst den braunen
Waldbaron im eignen Lager.

43 Alter Asbjörn, greiser Eber,
Gestern wetztest du die Wehren:
Prüf sie heut; auf breitem Markte
Starrt ein Wald von Frankenspeeren.

44 Gut gehau'n, du grimmer Kämpe,
Magst die Kräh'n zum Mahle laden!
Von den Steinen in die Lüfte
Dampft des Blutes grauer Schwaden.

45 Wie, du schwankst? – Doch schafft dem Stolzen
Wenig Harm die rote Ritze:
Nur das Tor, durch das ein freier
Held sich schwingt zum Göttersitze.

46 Legt ihn auf die Rentierdecke;
Morgen, wenn die roten Funken
Sprühn aus hundert Frankengiebeln,
Wird sein Sterbeöl getrunken."

9.

47 „Gutes Schiff, umsonst geschüttelt
Wird dein Kiel von Wind und Wellen;
Sind doch Sturm und Nordlandseiche
Altvertraute Spielgesellen.

48 Sigwald, nicke nur am Steuer,
Wind und Welle sind entschlafen,
Und im Schein der Abendröte
Schwellt die Flut uns in den Hafen.

49 Nicke nur, der kluge Drache
Kennt den Sund; nun schweigt; ich liege
Arbeitsmüde, reisemüde
In der weiten Wasserwiege.

50 Weckt mich nicht; es war ein raues
Tagewerk: nun will ich schlafen!
Seht, im Schein der Abendröte
Schwellt die Flut uns in den Hafen!"

10.

51 „Eine sitzt mir gegenüber
Still und freundlich; Huld und Güte
In den Blicken, auf den Wangen
Lilienschnee und Rosenblüte.

52 Sie? – Nicht sie; wohl ihre Schwester,
Wenn sie eine Schwester hätte.
Treu, mit nimmermüden Augen
Wacht sie an der Lagerstätte.

53 Treu, mit nimmermüder Sorge
Pflegt sie mich wie einen Kranken.
Bin ich krank? O müde, müde
Von dem Ringen mit dem Franken!

54 Und mein Kopf! – Sie nickt; das Kissen
Glättet sie und nickt mir wieder: –
Ah, das Kreuz, das schlimme Zeichen,
Trägt sie auf dem weißen Mieder.

55 Ah, das Kreuz! – Zu allem Holden
Muss sich stets das Kreuz gesellen,
Stets das Kreuz! – Mir macht es Grauen,
Mehr als Sturm und wilde Wellen.

56 Und es klingt mir stets im Ohre:
‚Geh, du gehst zum schwarzen Grafen!'
Nein, ich will nicht! – Fremdes Mädchen,
Gib mich frei und lass mich schlafen!"

11.

57 „Holde Fraue, allzu lange
Hab' ich Meer und Land durchmessen,
Allzu lange, holde Fraue,
Deines Dienstes gar vergessen.

58 Töricht war's, um ferne Kämpfe
Heimatliches Glück zu tauschen,
Lindes Wort um Waffendröhnen,
Süßen Sang um Sturmesrauschen.

59 Holde Fraue, sitzen sollt' ich
Kränze windend dir zu Füßen;
Zieren müssten deine Locken
Alle Blumen, die da sprießen.

60 Deine Stirne müssten schmücken
Alle Kronen, die da schimmern,
Und des Himmels hellste Sterne
Drin als Edelsteine flimmern. –

61 Allzu lange, holde Fraue,
Hab' ich Meer und Land durchmessen,
Holde Fraue, allzu lange
Deines Dienstes gar vergessen."

12.

62 „Die vom Himmel führt zur Erde,
Wie sie strahlt, die bunte Brücke!
Geh' ich aufwärts? Eil' ich wieder
Nach der dunkeln Au zurücke?

63 All die ew'gen Götter winken
Freudig mir vom hohen Saale:
Bragi schlägt der Harfe Saiten,
Idun hebt die goldne Schale;

64 Wodan zeigt nach Walhalls Bänken,
Wo der Rast die Helden pflegen;
Donar mit dem Feuerbarte
Reicht das Methorn mir entgegen.

65 Freia – doch am Brink dort sitzet
Eine Idis, schön wie jene:
Auf die weiße Ros' am Busen
Tropft und tropft die warme Träne. –

66 Nein, ich mag nicht euern Himmel,
Abwärts muss ich zu der einen:
Mächtig ist ob allen Mächten
Einer Jungfrau stilles Weinen!"

13.

67 „Wasserbrand! Die Woge leuchtet!
Wie der Stahl aus hartem Kiesel,
Lockt der Bug aus weicher Welle
Funkensprühn und Glutgeriesel.

68 Feuchtes flammt und Kaltes lodert,
Glimmende Demanten flimmern;
Dort und hier in lichten Fluten
Rote Wunderblumen schimmern.

69 Wasserbrand! In wüsten Knäueln
Durch das Flackern, durch das Feuer,
Selbst erschrocken und erschreckend,
Ziehn des Abgrunds Ungeheuer.

70 Fasst die Ruder! Von den Rudern
Spritzt es heiß; – so weit ich blicke,
Brennt das Meer: in Rauch und Asche
Stürzt die Welt, und ich ersticke!"

14.

71 „Glut und Dampf aus allen Fugen,
Dampf und Glut aus jeder Ritze;
Roter Hahn, die Flügel schlagend,
Kräht er auf der Giebelspitze!

72 Hildegunde! – Durch das Prasseln
Hör' ich nicht ihr banges Rufen?
Vorwärts, ob die Balken brechen,
Aufwärts über morsche Stufen!

73 Ja, ich komme, dich zu retten
Aus des Feuerberges Schlunde:
O wie heiß, wie heiß die Lohe! –
Ich ersticke: Hildegunde!"

15.

74 „Ja, das ist die greise Waldfrau;
Ja, dort sitzt sie, die ich suche;
Immer sinnend, immer traurig,
Blättert sie im Runenbuche.

75 Nein, der Wind! – Auf kaltem Steine
Starrt sie, wie aus Stein gehauen!
Tret' ich hin? – Der grimme Wächter
Ihr zu Füßen macht mir Grauen.

76 Nein, sie selbst. – Mit düstern Blicken
Misst sie mich vom Kopf zur Zehe:
Kannst du wollen, weise Wala,
Dass ich trostlos von dir gehe? –

77 Still, sie hebt die hagern Hände;
Ist's Verwünschung, ist es Segen?
‚Auf des Waldes dunkeln Pfaden
Tritt das Schicksal dir entgegen!'"

16.

78 „Sprich nicht von des Feuers Wüten,
Nicht vom Zorn der wilden Wasser,
Nicht vom Göttergroll: die Menschen
Sind der Menschen schlimmste Hasser!

79 Nicht das Horn des plumpen Brüllers,
Schlangenschleichen ist gefährlich; –
Wie sie schlichen, wie sie gleißten:
Rab, wohl bist du rau, doch ehrlich!

80 Fort, den Strick am Hals! Hinunter,
Wie zur Hel, auf grauen Wegen!
Und der Königsbote lachte:
‚Das ist Donars Hammersegen!'"

17.

81 „Diethelm, mich erschreckt dein Schweigen,
Mich verwirrt dein stummes Starren;
Diethelm, komm; im dunkeln Walde
Sollst du einen Wolf verscharren,

82 Einen ehrlos Vogelfreien!
Der Gebannte, der Gehetzte,
In die Erde muss er kriechen,
Seines Stamms der Letzte, Letzte! –

83 Weißt du, in den Tannen, Diethelm,
Wo der Ruh' die andern pflegen,
Sollst du sacht mich zu den andern
In das kalte Steinbett legen;

84 Auch den Helm, nach Vätersitte,
Auch das Schwert; ich bin der Letzte.
Statt des Schildes, den sie brachen,
Dieses Wams, das blutgenetzte.

85 Unbekümmert um den Toten
Wird der Wind vorüberschauern,
Und nur sie, die greise Wölfin,
In der Nacht am Hügel trauern."

XIV. Ein Kreuz im Walde

1 Ist die Drossel weggezogen,
Fahl und kalt der Wald geworden,
O wie ist die Welt so stille,
O wie ist so grau der Norden!

2 Und der Menschengeist, der ernste,
Mag in Sinnen und in Denken,
Träumen, Hoffen und Erinnern
Winterlang sich gern versenken. –

3 Um die alte Donnereiche,
O wie lag der Wald so stille,
Müder Schläfer, kalt gebettet
In des Nebels weiche Hülle.

4 Silbergraue Fadennetze,
Spinnwebschleier lebten lose
Um Gerank, um Klett' und Distel,
Fingerhut und Hagerose.

5 Jetzt ein morgenfrisches Hauchen,
Und der Dunst versank im Grunde:
Seltsam! Waren Geisterhände
Tätig hier zu nächt'ger Stunde?

6 Nah dem Stamm des Riesenbaumes
Stand ein Kreuz, aus Birkenstäben
Roh gefügt und schlicht gebunden
Mit des Waldes wilden Reben;

7 Dran ein Kranz von dunkeln Dornen,
Und wie Rauch vom Opferherde
Stieg ein dünnes blaues Wölkchen
Aus der frisch gegrabnen Erde. –

8 Hier ein Kreuz? Von wem errichtet?
Frage die im Schlaf gestörten
Waldeswipfel, die es sahen,
Frag die Sträucher, die es hörten;

9 Frag die Spur im Reif des Grases,
Wo zwei kleine Füße standen,
Die durch dürre Binsen streiften
Und im Birkenbusch verschwanden! –

10 Und zur Nacht an diesem Orte,
Den am Tage zu betreten
Jäger fürchten, den der Heide
Scheu besucht zu stillem Beten?

11 Und warum? In welcher Meinung?
Soll es einem, der geschieden,
Frieden geben, weil er wandert
Ruhelos und ohne Frieden?

12 Soll es ein Verbrechen sühnen,
Finstrer Tat geheime Qualen?
Soll es eines Gottgelübdes
Längst verjährte Schuld bezahlen?

13 Oder ist es einer Seele
Demutsvolle Weihespende,
Dass erbarmungsreich der Himmel
Ein Geschick zum Guten wende? –

14 Menschenbrust, wohl bist du tiefer
Als des Berges tiefste Schlünde;
Menschenherz, wohl rätselhafter
Bist du als die Meerabgründe!

15 Und Gedanken, lichte, dunkle,
Rastlos wie die Wasserwelle,
Gehn bis mitten in den Himmel,
Gehn bis mitten in die Hölle:

16 Nachtgedanken, Neidgedanken,
Mordgedanken, die nicht schlafen,
Eh Verleumdung, Gift und Eisen,
Todeswund ihr Opfer trafen;

17 Lichtgedanken, die der Erde
Blumenfülle sammeln möchten,
Um im reichsten Kranz die schönsten
Um ein teures Haupt zu flechten;

18 Die aus goldnen Sonnenstrahlen
Helm und Brünne möchten weben,
Um vor Wund' und Weh zu schützen
Ein geliebtes holdes Leben;

19 Die auf schneeigem Gefieder
In den blauen Äther fliehen
Und wie blasse Bettelkinder
Stumm am Tor der Gnade knien. –

20 Um die alte Donnereiche
Lag die Welt in düstrer Trauer;
Von dem Kreuz, der Dornenkrone
Tropft' es sacht wie Tränenschauer.

21 Und im Wald ein kleiner Vogel
Zirpte leise, leise Klagen:
„Harter Winter, trüber Winter,
Lange Nacht: – wann will es tagen?"

XV. Fromme Mönche

1.

1 Draußen stob in grauen Wolken
Schnee, des Sturmes Spielgeselle,
Drinnen glomm die trübe Lampe
In des Klosters Krankenzelle.

2 Elmar lag mit starren Blicken
Auf dem braunen Hirschhautpfühle,
Todesschatten um die Stirne,
Auf den Wangen Leichenkühle.

3 Beda traurig ihm zu Füßen,
Ailrat kummervoll zu Häupten;
Stumm mit Sinnen und mit Sorgen
Sahn sie auf den Schwerbetäubten.

4 Trat herein der gute Prior,
Trat herein der Abt, der greise:
„Lebt der Arme? Kann er leben?
Wird er leben?" – fragt' er leise.

5 Beda drauf: „Des Rätsels Lösung
Fand ich wohl, doch ohne Hoffen:
Schwer, mit giftgetränktem Eisen
Hat ein Unhold ihn getroffen.

6 Machtlos gegen Teufelstücke
Sind die Säfte frommer Kräuter:
Ungestüm in allen Pulsen
Gärt und rast ein böser Eiter;

7 Fauler Brodem zischt und siedet
Fieberheiß durch alle Adern;
All das Spiel der heitern Kräfte
Ward empört zu wildem Hadern.

8 Hilflos ist die Kunst, und ratlos
Muss ich ihn verderben sehen;
Trauernd sag' ich: Eine Blume
Wird der dunkle Schnitter mähen."

9 Seufzend sprach der gute Prior:
„Jammer um den stolzen Knaben!
Bitter ist es greisen Männern,
Gelbe Locken zu begraben.

10 Wär's unmöglich, Heil zu finden?
Zwar – man raunt von wilden Weibern,
Die mit Sud und Segensprüchen
Rettung bringen kranken Leibern;

11 Zwar – man spricht von einer Waldfrau,
Irgendwo, – im blauen Grunde,
Einer Heidin; sondrer Dinge
Hat sie sonderbare Kunde.

12 Wohlvertraut mit allen Rätseln
Aller Kräuter und Gewächse,
Weiß sie Heiltrank zu bereiten,
Und man nennt sie – eine Hexe.

13 Eine Hexe? Tiefste Kenntnis,
Gottesgabe, reich und selten,
Durfte stets, weil unverstanden,
Tor und Törin Zauber schelten."

14 Drauf der Abt nach langem Sinnen:
„Männern ziemt es, Rats zu pflegen,
Hier das Bessre, dort das Schlimmre
Wohlbedächtig abzuwägen.

15 Prior, Ihr versteht gar manches,
Was gar mancher gern verstünde,
Alt' und neue Schrift; ich hoffe,
Was Ihr meint, ist ohne Sünde.

16 Gut und fromm ist jedes Wissen,
So es frommt den Menschenkindern,
So es Seelenqual zu schweigen,
Leibesnot vermag zu lindern.

17 Sind die Heiden kluge Meister,
Gehn wir doch in ihre Schule!
Schreibt uns nicht, was sie ersannen,
Bisos nimmermüde Spule?

18 Nicht allein der scharfe Stachel,
Süßer Seim auch ward den Bienen;
Meiden wir das Gift des einen,
Muss uns doch der andre dienen.

19 Ist die Waldsibylle kundig,
Wilden Fieberbrand zu dämpfen,
Ihre Weisheit soll uns nützen,
Ob wir ihren Wahn bekämpfen. –

20 Fromme Brüder, uns zu prüfen,
Ward uns zugesandt der Wunde:
Beda, rüste dich, denn morgen
Wanderst du zum blauen Grunde!"

2.

21 Winterwald im Sonnenglanze,
Reich an Silber und Demanten,
Die an jedem Zweige blitzten,
Die auf jeder Knospe brannten!

22 Rings ein Glimmern und ein Glühen,
Gleich, als wollten eitle Zwerge
Einmal zum Verwundern zeigen
All den Reichtum ihrer Berge;

23 All den Hort geheimer Schätze,
Die sie rastlos schürften, scharrten:
Winterwald im Sonnenglanze,
Schöner als ein Frühlingsgarten!

24 Winterwald, wie still und einsam!
Nur des Würgers schrille Klage,
Nur des Spechts eintönig Pochen
Und ein Schreiten fern im Hage.

25 Vor dem Felsenhaus der Drude
Stand ein Wandrer, heiß vom Gange:
„Kommst du endlich?", sprach die Wala;
„Ich erwarte dich schon lange.

26 Knurre nicht, du treuer Graubart!
Freilich staunt wohl der und jener,
Tritt zu mir, der Heidenhexe,
Ein geschorner Nazarener!"

27 Beda drauf: „Und kam er dennoch,
Kam er des Gebotes willen,
Gegen Gott vielteure Pflichten,
Gegen Menschen zu erfüllen;

28 Nicht zu lehren, nein zu lernen!
Einen Wunden kannst du heilen,
Gönnst du uns, von deinem Wissen
Mir ein kleines mitzuteilen.

29 Fürchte nicht, dass deine Hilfe
Einem Widersacher fromme:
Deines Volks ein bleicher Knabe
Ist's, für den ich bittend komme."

30 Sprach die Alte: „Rede klüger!
Weißt du doch, ein Arzt, ein rechter,
Schuldet, was er hat, den Menschen;
Bist du gut, ich bin nicht schlechter."

31 Beda drauf: „Er rast und schlummert;
Im verderbten Blute kreisen
Gift und Geifer, die ein Neidhart
Ihm geimpft mit falschem Eisen.

32 Waldgewächs und Gartenblüte,
Trost für fressend Weh und Wunde, –
Manches lernt' ich: diesen Armen
Rettet nur verhohlne Kunde;

33 Jene, die seit grauen Tagen,
Unerkannt dem klügsten Kenner,
Heimlich erbten und vererbten
Weise Frau'n und stille Männer.

34 Sprich, was kann ich tun?" – „Des Odems
Hast du schon zu viel verschwendet;
Alles wusst' ich, eh es wurde,
Und ich weiß, wie alles endet.

35 Leides viel befährt ein Knabe,
Den sein Vater nicht gezogen;
Rau und hart ist seine Schule,
Sei ihm denn ein Gott gewogen.

36 Leides viel schafft Frauenminne,
Frauen sind's, die finstren Blickes
Middilgards unsel'gen Söhnen
Drehn den Faden des Geschickes. –

37 Folge mir!" – Die Kienholzfackel
Zog sie aus dem Felsenrisse;
Über Steingeröll und Klüfte
Ging's in feuchte Finsternisse;

38 Abwärts, aufwärts, immer weiter,
Drohend, wie um Wacht zu halten,
Rechts und links mit wucht'ger Keule
Starrten finstre Steingestalten;

39 Aufwärts, abwärts, immer tiefer,
Bis der Fußtritt hohler tönte
Und des Ganges düstre Enge
Sich zur weiten Wölbung dehnte.

40 Erze glimmerten wie Sterne,
Und vom großen Bergkristalle
In der Kuppel floss wie Mondlicht
Blaue Dämmrung in die Halle.

41 Zwischen Pfeilern an den Wänden
Hier und dort ein Götterbildnis,
Grau und grimmig; Todesschweigen
In der dumpfen Felsenwildnis. –

42 „Sieh dich um", begann die Drude;
„In des Berges Riesensaale
Steht, solang die Erde stehet,
Christenfuß zum ersten Male.

43 Einst das Heiligtum der Ew'gen,
Ward er heute ihr Gefängnis;
Stetig ist die Welt im Wechsel
Und unbeugsam das Verhängnis.

44 Doch ans Werk, den Kranken dürstet;
Vorbedachtes schafft sich schnelle;
Sitz indessen und genieße
Meines Brots und meiner Quelle!"

45 Von den rasch geschürten Bränden
Grell beleuchtet, warf die Hohe
In den Tiegel Kraut und Knollen,
Salz und Samen in die Lohe.

46 Wispelworte auf der Lippe,
Die ihr auf der Lippe starben,
Prüfte sie das Kohlenknistern
Und des Trankes Wechselfarben.

47 Beda, mit gespannten Sinnen,
Sah, doch sah er nur die Drude,
Wie sie schürte, wie sie rührte,
Wie sie raunte ob dem Sude;

48 Sah, doch nicht des Berges Wunder,
Nicht die Truh'n, die schwarzen Schreine,
Nicht das Heergerät, verworren
Aufgehäuft im hohlen Steine:

49 Helm und Schild und Schuppenpanzer,
Kettenhemden und Standarten,
Kolben, Speere, breite Klingen,
Die aus jedem Winkel starrten;

50 Nicht den Hort uralter Beute,
Goldgeschmeid' in allen Ecken,
Silberkessel, riesengroße,
Römerschmuck, Pokal und Becken. –

51 Sprach die Drude: „Was ich konnte,
Tat ich; nimm den Krug und wandre:
Menschenmühe ist das eine,
Göttersegen ist das andre.

52 Knickt ein Zweig am Blütenbaume,
Mag das Mägdlein um ihn klagen:
Bricht ein Wald, – vor finstern Nächten
Muss die bange Welt verzagen.

53 Menschen sterben, Völker sterben!
In das Heimatland der Eiche,
In das Kinderherz der Starken
Schlich die arge Südlandsseuche.

54 In das Kinderherz der Starken
Kroch das Fieber eurer Lehren,
Die den Stahl des Arms erweichen
Und das Blut in Milch verkehren.

55 Wird der Süd den Nord bezwingen?
Felsen beugt man nicht, sie brechen.
Alte Fehd' ist zwischen beiden,
Und der Nord, er wird sich rächen.

56 Erz in Erz, vom Schneegebirge
Wogen seh' ich blonde Scharen:
In die Tiberstadt, die große,
Ziehn blauäugige Barbaren.

57 Brausen hör' ich durch die Gassen
Männerschritt und ehrne Hufe,
Schildgekrach und Schwerterklirren,
Jammerschrei und Siegesrufe.

58 Sprengt ein gelb gelockter Kämpe
In des Volks empörte Wogen;
Feuerfarb auf goldner Brünne
Wallt sein Bart zum Sattelbogen.

59 Welch Getümmel um den Riesen!
Ihm zur Seite muntre Knappen:
Einer, wild und löwentrotzig,
Führt das weiße Ross im Wappen.

60 Speere sind ihm schwache Binsen,
Helm und Halsberg irdne Töpfe,
Hagelschauer seine Schläge
Auf die blut'gen Römerköpfe. –

61 O der Nord, er wird sich rächen!
Dennoch – dunkle Zeichen drohen:
Felsenschwer auf unsern Häuptern
Liegt der Zorn der Ewighohen."

62 Beda sprach: „Und Einer waltet
Stark und still ob allen Tagen!
Stolz und Trotz ist eure Tugend,
Unsre – Tragen und Entsagen;

63 Glaubend, hoffend Einen lieben
Und dem Dienst der andern leben.
Willst du nicht zum Dienst der andern
Mir von deinem Wissen geben?

64 Silber bebt dir um den Scheitel,
Und dein Odem wird verhauchen:
Sag, wie kann den Toten nützen,
Was die Lebenden gebrauchen?"

65 Finster blickend sprach die Alte:
„Stiegst du in das Tal der Buchen,
Wie einst Wodan kam zur Wala,
Mich mit Fragen zu versuchen?

66 Von den Göttern stammt mein Wissen,
Und den Göttern geb' ich's wieder,
Nie den Rupfern unsrer Saaten,
Nie den Kräh'n im Nachtgefieder.

67 Doch ich will den Gast nicht kränken,
Mag ich auch den Mönch nicht lieben:
Fremder Mann, du wärest besser
Heim am Cheviot geblieben." –

68 „Kennst du mich?" – „Ich kenn' euch alle!
Geh, schon graut es in den Gründen
Und der Schnitter wetzt die Sense
Im Konvent zu Dreizehnlinden." –

69 Beda sprach: „Du weise Waldfrau,
Mög' auf dir und deinem Tranke
Ruhn so reicher Gottessegen,
Als ich tausendfach dir danke!" –

70 Auf der Brust gekreuzt die Hände
Neigt' er sich wie zum Gebete:
Ob er Trost und Licht von oben
Für ein dunkles Herz erflehte?

XVI. Beim Weben und Nähen

1 Kurze Tage, lange Nächte;
Müh' und Arbeit ruhn nur selten:
Was der kurze Tag versäumte,
Muss die lange Nacht entgelten. –

2 Auf dem Hof zu Bodinkthorpe
Regten sich noch spät die Hände:
Emsig strebte man zu schaffen
Winterwat zur Weihnachtsspende;

3 Winterwat für arme Leute,
Dies und das für Haus und Gäste:
Sei willkommen, liebe Gabe,
Christtagsgab' ist doch die beste. –

4 Still wie meist, nur etwas stiller,
Bleich wie stets, nur etwas bleicher,
Saß im Kreis des Hofgesindes
Hildegund im großen Speicher.

5 Webend warfen starke Mägde
Dort die Spulen um die Wette;
Blaue Wolle war der Einschlag,
Blankes Leinen war die Kette.

6 Hier die Kleinern, bienenfleißig,
Mühten sich mit Zwirn und Nadel;
Hildegunde, allbeachtend,
Nickte Lob und winkte Tadel.

7 Nächst dem Herd auf buchnen Schemeln
Eiferten die ernsten Knechte,
Wer aus knorrigem Maßholder
Feinsten Hausrat schnitzen möchte:

8 Glatte Löffel, schön geschwungen,
Honigschalen, Buttertöpfe
Und, zu zartem Angebinde,
Pfeile für die Mädchenzöpfe.

9 Isenhard, der Meier, spellte
Säuberlich die junge Birke,
Dass er, Strang in Strang geflochten,
Schwanken Peitschenstiel sich wirke:

10 „Denn das Treiben ist vonnöten",
Knurrt' er; „Gerd, bei dir vor allen, –
Und den andern! – Doch da draußen,
Klang es nicht wie Hörnerschallen?

11 Naseweis, du kleine Aiga,
Lache nicht! In Sommernächten
Tanzen Elben, doch im Winter
Wird Gewalt den dunkeln Mächten.

12 Nahn wir nicht den heil'gen Zwölfen,
Wo der alte Vielbeschriene
Nächtlich fährt durch Wald und Wolken,
Hakelbernd, der Himmelshüne?

13 Kliff und Klaff und heis'res Wiehern:
Ho hoto! Auf fahlen Rossen
Durch die Luft wie Dunst und Schemen
Braust das Heer der Jagdgenossen.

14 Selber hört' ich oft das Rufen,
Schritt ich einsam im Gehege:
‚Mitten auf den Weg!' – Ich hielt mich
Immer mitten auf dem Wege.

15 O, er ist nicht schlimm, der Alte;
Manchem schenkt er gute Spende:
Einem Schneider, Hungerleider,
Warf er eine Pferdelende.

16 Weserab zum Isenhofe
Hatte von den Hunden einer
Sich verrannt; er lag am Herde,
Und vertreiben konnt' ihn keiner;

17 Grau und dürr; er fraß nur Asche;
Immer war er stumm und lauschte
Halb im Schlaf mit leisem Winseln,
Wenn der Sturm den Wald durchrauschte.

18 Aber in den nächsten Zwölfen,
Als des Heeres wildes Toben
Mitternachts vorüberkeichte,
War er weg und wie verstoben." –

19 Friedebrand, der Rossknecht, sagte:
„Ich auch bin's gewahr geworden:
Durch die Schlucht am Eschenberge
Kam's herauf und fuhr gen Norden;

20 Ein Gejiff aus hundert Hälsen,
Peitschenknallen und Geheule,
Lachen, Schrei'n, und all dem Schwarme
Weit voraus die große Eule.

21 Und am Kreuzweg, nächst der Linde,
Jäh vom Himmel auf den Boden
Stürzt' es, Ross und Mann; mir grauste
Vor dem Grimm des alten Woden.

22 Denn wohl sah ich Hut und Mantel,
Doch der riesenlange Reiter
Raffte sich empor, und jammernd
Durch die Lüfte rast' es weiter."

23 Imma sprach: „Mit weißem Schleier,
Blauem Kleid und langen Locken
Singt am Quell im Wald Frau Holle
Sommerlang und zupft am Rocken;

24 Winters muss sie mit den andern
In des Heers verworrnem Schalle
Trostlos durch die Wolken schweifen
Wie die Nichterlösten alle;

25 Wie die ungetauft gestorbnen
Bleichen Kinder. ‚Tausend Jahre?',
Wimmert eins; und ‚Länger, länger!'
Ruft's zurück, und ‚Fahre, fahre!'" –

26 Sprach der Meier: „Dunkle Dinge!
Immer mitten auf dem Wege
Bleibe jeder! – Kommt, ihr Knechte!
Ross und Rind verlangen Pflege." –

27 Aiga sprach: „Vom Junker Griese
Sagt man auch, er müsse jagen
Ewig rastlos durch die Moore,
Weil er einen Mönch erschlagen."

28 Drauf die Herrin: „Lasst die Märchen;
Ernstes gibt es zu beschicken.
Arme Doda, ängstlich brauchst du
Nach dem Laden nicht zu blicken.

29 Was du hörst, ist Windestosen
Und der Eichen dumpfes Stöhnen."
Seufzend sprach das Franken-
mädchen:
„Ach, ich kann mich schwer
gewöhnen!

30 Welch ein Land! Zehn Monde
Winter
Und zwei Monde schlechtes Wetter!
Bärenart sind seine Menschen,
Bäum' und Riesen seine Götter!

31 Grau die Erde, ohne Blumen,
Grau der Himmel, ohne Sonne:
O wie hell ist meine Heimat
An den Ufern der Garonne!" –

32 Aiga drauf: „Es mag dich
schaudern,
Weiches Kind, im Land der Bären:
Zu den Ufern der Garonne
Tät'st du wohl, zurückzukehren.

33 Welch ein Land! Zwölf lange
Monde
Blitzt und brennt die Sommersonne
Über Wäldern von Karfunkel
An den Ufern der Garonne.

34 An den Ufern der Garonne
Blühn der Blumen viel, – und welche!
Silberblanke, schlanke Knaben
Tauchen auf aus jedem Kelche;

35 Schlanke Knaben, die sich neigen
Und die Damen höfisch grüßen:
Heil den Ufern der Garonne,
Wo im Feld die Freier sprießen!

36 Spärlich sind sie hierzulande,
Viel zu spärlich, da in Sachsen,
Wie im Lied es heißt, die schönen
Mädchen auf den Bäumen wachsen.

37 Zu den Ufern der Garonne
Zieht sich sehnend dein Gemüte:
Gingst du morgen, arme Doda,
Kämst du recht zur Zeit der Blüte!"

38 Sprach die Herrin: „In der Schule
Warst du, Aiga, bei den Spöttern;
Spott auf Mädchenlippen, Aiga,
Ist ein Wurm auf Rosenblättern."

39 Aiga bückte sich und nähte,
Rot und stutzig ob der Lehre;
Zweimal, dreimal riss der Faden,
Zweimal, dreimal fiel die Schere.

40 Doch sie liebt' es nicht, zu
schmollen,
Und ihr helles Auge lachte,
Als sie, streifend durch die Locken,
Jetzt des kleinen Volks gedachte.

41 „Freundlich waren sie, die Holden,
Und uns Mägden dienstgewärtig;
Blieb die Arbeit abends liegen,
Morgens war sie immer fertig.

42 Doch jetzt sind sie ausgewandert;
Sie vertrieb das Glockenläuten,
Menschenfalschheit und im Walde
All das Rüsten und das Reuten.

43 Seh' ich diese Leinwandberge,
Denk' ich ihrer flinken Finger:
O sie würden rasch verschwinden,
Hülfen uns die guten Dinger!"

44 Doda drauf: „Der Christbescherung
Müssen fern die Dunkeln bleiben,
Die in Klüften und in Grüften
Unheilvolle Künste treiben.“ –

45 Imma sagte: „Wird den Armen
Woll' und Linnenkleid gemessen,
Dürfen wir zwei nackte Schultern,
Eggis Schultern, nicht vergessen.“

46 Doda rief: „Des Schmiedebuben?
Sünde wär's, an ihn zu denken,
Und am Fest des Gotteskindes
Unholdssippe zu beschenken!

47 Wer er ist, der schwarze Schleicher,
Steht ihm auf der Stirn zu lesen:
Trägt er auch kein rotes Hütchen,
Ist er doch ein elbisch Wesen;

48 Einer von den Spaltenschlüpfern,
Die voll Schadenfreude lachen,
Wenn sie mit Betrug und Tücke
Wirr und wild die Menschen machen.“

49 Aiga sprach: „Der arme Junge!
Weil er braun von Aug' und Wangen,
Weil er lustig und behende,
Soll er nun kein Wams erlangen?

50 Traun, als eins der Koboldskinder
Ist er friedlich und gemütlich;
Manche seiner Halbgeschwister
Sind nicht halb so nett und niedlich.

51 Tu dich um, du feine Doda,
Glätte dir die starren Strähne,
Färbe blau die Kohlenaugen,
Rot den Mund und weiß die Zähne!

52 Schält' ich dich: du gelber Kielkropf,
Der du bist, – was ich nicht wagte,
Statt: du lichte Südlandsblume, –
Was ich löge, wenn ich's sagte:

53 O, dein lindes Händlein würde
Mir die beste Backe messen,
Dass auf ihr im weißen Winter
Fünf Garonnerosen sprössen!“

54 Strafend sprach die holde Herrin:
„Aiga, halt im Zaum die Zunge!
Alle sind sie meine Sorge,
Auch der arme Schmiedejunge. –

55 Schrie nicht dort die wilde Katze?
Zeitig ist es, abzubrechen;
Geht zur Ruhe und versäumet
Nicht, das Nachtgebet zu sprechen!“

XVII. Des Priors Lehrsprüche

1.

1 „Mit dem Auferstehn des Lenzes,
Elmar, bist du auferstanden,
Gott sei Lob, zu neuem Leben,
Ob gebannt, doch frei von Banden.

2 Und wie auf der Wange knospet
Der Genesung frische Blüte,
Mag Versöhnung aus Erkenntnis
Still ersprießen im Gemüte.

3 Danke nicht dem ernsten Eifer,
Der dich fremden Mann hier pflegte:
Danke dem, der Menschenliebe
In die Menschenherzen legte!

4 Was dich andres quält und kümmert, –
Einsamkeit ist Seelennahrung;
In der Stille kommt dem Geiste
Rechte Geistesoffenbarung.

5 Geisterstimmen zu vernehmen,
Musst du in der Stille lauschen;
Lauter reden sie im Säuseln
Als in Sturm und Wetterrauschen.

6 Er, der aus der Welt dich führte
In der Klosterzelle Schweigen,
Wollte in die Welt, die wüste,
Erst den rechten Weg dir zeigen.

7 Warst du dein im Waffenklirren,
Dein in Braus und Wogenrollen,
Dein im Wildbann, auf der Metbank,
Dein im Hassen und im Grollen?

8 Tief im Wald verbirgt der kranke
Hirsch sich vor des Tages Gluten,
Sei's, um einsam zu genesen,
Sei's, um einsam zu verbluten.

9 Elmar, Heimkehr zu sich selber
Wird im Schmerz allein gefunden;
Harre nur: Der Klosterfriede
Heilt dir alle, alle Wunden."

2.

10 „Elmar, wer vom Morgengrauen
Wallte bis zur Abendkühle,
Höh'n und Täler sah er manche,
Siedelstätten sah er viele.

11 Wenn er offnen Augs gegangen,
Von der harten Tagereise
Weiß er Schickliches zu reden
Über Landesbrauch und Weise. –

12 Elmar, wer nach siebzig Jahren
Rückwärts blickt den Weg, den langen,
Kluges kann er dir bescheiden,
Wenn er offnen Augs gegangen.

13 Wahres kann er dir berichten
Von der Welt, die einst gewesen,
Und zukünftiger Gestaltung
Rätselrunen kann er lesen.

14 Auch zu Lust und Lehre, Elmar,
Mag er Sinniges dir sagen;
Willst du Weisheitsworte hören,
Graue Männer musst du fragen!"

3.

15 „Wissen heißt die Welt verstehen;
Wissen lehrt verrauschter Zeiten
Und der Stunde, die da flattert,
Wunderliche Zeichen deuten.

16 Und da sich die neuen Tage
Aus dem Schutt der alten bauen,
Kann ein ungetrübtes Auge
Rückwärts blickend vorwärts schauen.

17 Denn solange Hass und Liebe,
Furcht und Gier auf Erden schalten,
Werden sich der Menschheit Lose
Ähnlich oder gleich gestalten.

18 Menschen sind die Menschenkinder
Aller Zeiten, aller Zonen,
Ob sie unter Birkenbüschen,
Ob sie unter Palmen wohnen;

19 Ob sie vor dem Christengotte,
Ob vor Wodan sie sich bücken,
Ob sie sich in Lumpen bergen
Oder sich mit Purpur schmücken.

20 Vielfach sind die Wolkenbilder,
Die den Himmelsraum durchwallen,
Doch nur Dunst die leichten Flocken,
Doch nur Dampf die schweren Ballen.

21 Alle auf des Sturmes Straße
Fahren sie, die Luftgespinste:
Wolkenbilder, leere Dämpfe,
Menschenbilder, eitle Dünste!"

4.

22 „Sohn, ich las im Runenbuche
Manches Blatt, ein Zeichendeuter;
Viel zur Trauer, viel zum Troste,
Wenn ich weiterlas und weiter.

23 Was sie Weltgeschichte nennen,
Ist ein wüst verworrner Knäuel:
List und Trug, Gewalt und Schwäche,
Feigheit, Dummheit, Wahn und Greuel.

24 Weise Tugend schweigt und trauert:
Will sie reden, will sie klagen,
Wandert sie in Kerkergrüfte
Oder wird ans Kreuz geschlagen.

25 Starke, die sich Treiber dünken,
Werden doch nur selbst getrieben,
Heergeräte eines Stärkern,
Die gebraucht, verbraucht, zerstieben.

26 Stärkre stößt der Fuß des Stärksten,
Und die Stärksten sind Geschirre
Eines, der, ob allen waltend,
Überschaut das Weltgewirre;

27 Eines, der in ehrnen Händen
Hält die Waage, recht zu wägen,
Der die Zepter knickt wie Ruten
Und wie Stroh das Schwert der Degen.

28 All die Riesen sind nur Zwerge,
All die Herrn nur arme Knechte!
Ob sie gleich den Frevel wollen,
Fördern müssen sie das Rechte;

29 Dienen müssen sie der Ordnung,
Ob sie gleich das Wüste treiben,
Denn unsterblich ist das Gute,
Und der Sieg muss Gottes bleiben."

5.

30 „Freiheit sei der Zweck des Zwanges,
Wie man eine Rebe bindet,
Dass sie, statt im Staub zu kriechen,
Froh sich in die Lüfte windet. –

31 Beides schaffte Karl der Franke,
Liebenswertes, Hassenswertes;
Hielt er fest am Kreuz der Kirche,
Fester doch am Kreuz des Schwertes.

32 Und mit rot gefärbten Händen
Schwang er's gegen unsre Väter,
Ein Apostel in der Brünne,
Ein mit Blut bespritzter Beter.

33 Uns uns selbst abzugewinnen,
Hat er todwund uns gehauen;
Zeigend nach den Himmelsburgen,
Nahm er uns die Erdenauen.

34 Dienen muss der faltenreiche
Kirchenmantel hundert Zwecken:
Ehrsucht, Habsucht, Machtgelüste,
Hass und Rache muss er decken.

35 Wie das Gold den Durst nach Golde
Mehrt der Ruhm die Gier der Degen,
Denn je mehr die Menschen dürfen,
Desto dreister wird ihr Mögen.

36 Vom beeisten Belt zum Tiber
Fuhr der Held in lichten Waffen:
War's, um Völker zu befreien,
War's, um Knechte sich zu schaffen?

37 Statt zu einen Deutschlands Stämme,
Warf er fremde zueinander,
Stark und groß, nur nicht so gütig
Als der Grieche Alexander.

38 Wär' er uns ein Ordner, Pfleger,
Uns ein milder Herr geblieben:
Wir, die hundertfach ihm danken,
Würden tausendfach ihn lieben;

39 Ihn, der fromme Friedensstätten
Baut' an Quellen und in Hainen,
Wo einst Menschenleiber zuckten
Auf entweihten Opfersteinen;

40 Der die Leuchte holder Bildung
Trug in unsre finstern Wälder,
Segensreiche Körner streute,
Doch in blutgedüngte Felder,

41 Und erst spät! Durch linde Lehre
Hätt' er uns bezwingen können
Rascher, sichrer als mit Eisen,
Als mit Hungerpein und Brennen.

42 Eitler Glanz der Römerkrone!
Verdens grause Mordgerichte
Mag ihm Gott verzeihn, doch schuldig
Bleibt er sie der Weltgeschichte:

43 Untat, die der kluge Einhard
Gern verhüllte und verschwiege,
Die in Rom der Völkervater
Selbst gestraft mit ernster Rüge.

44 Doch den Wirrern und den Klirrern,
Die da ziehn mit großem Schalle,
Allen klebt ein Mal am Schilde,
Und ihr Verden haben alle."

6.

45 „Menschen baun; die Türme sollen
Ein Jahrtausend überdauern!
Doch der Rost zerfrisst das Eisen,
Und das Moos zernagt die Mauern.

46 Sieh dich um, du siehst nur Trümmer,
Die der Zeitensturm zerschellte,
Und darauf, für heut und morgen,
Stolze Festen, niedre Zelte.

47 Denn der Mensch, der fremde Siedler,
Lernt die Scherben klug zu schichten,
Um zur Not für sich und andre
Dach und Herdstatt einzurichten;

48 Erst zur Not, und will sich's fügen,
Auch zum Troste Scheun' und Garten. –
Baut nur, baut nur: ob für morgen,
Ob für langer? – Ihr müsst warten!"

7.

49 „Karl der Frank, der grimme Bauherr,
Geistesmächtig sondergleichen,
Sinnend unter Völkertrümmern,
Stand er auf zerschlagnen Reichen.

50 Mit dem Schwerte auf und nieder
Maß er die zerworfnen Blöcke,
Und mit Hünenhänden wälzte
Berg auf Berg der starke Recke;

51 Berg auf Berg granitne Quader
Sich zur Pfalz, darin zu schalten,
Und, wie Gott der Himmelsfesten,
Hier des Erdenreichs zu walten. –

52 Traum und Wahn! – Die stille Stunde,
Leise wandelnd, wandelt alles
Stärker als die Überstarken,
Die da dröhnen lauten Schalles.

53 Hinkt sie auch, es kommt die Rache;
Schleicht sie auch, es naht die Sühne:
Menschentrotz, der Turm zu Babel,
Ward zur mahnenden Ruine.

54 Traurig sinnend steht der Wandrer,
Sieht er in des Mondes Schimmer
Dort, wo einst ein Mächt'ger toste,
Ödeland, ein Grab und Trümmer."

8.

55 „Sein Geschlecht? Ein düstres Schicksal
Ist's, Erobrer zu beerben:
Was zum Unheil war den Söhnen,
Wird den Enkeln zum Verderben. –

56 Wölfe seh' ich, die in Zwietracht
Neidvoll aufeinander stieren,
Die mit Hunger nach des Alten
Besten Beutestücken gieren;

Prior

57 Gelbe Wölfe, die den Greisen
Ziehn und zerren aus der Höhle,
Die in wildem Hass einander
Dann zerfleischen Bauch und Kehle;

58 Grause Sippe, die den Kiefer
Mit dem Blut des Bruders schändet,
Bis der Letzte würgt den Letzten
Und mit Wutgeheul verendet.

59 Voll von Greueln, voll von Leichen
Ist die Welt und wüst und öde:
Sprach von Wolfszeit eure Wala,
Traun, das war Prophetenrede!"

9.

60 „Holde Schau! Lichthelle Locken
Wehn im Hauch des Morgenwindes:
Schlanker Wuchs und blaue Augen
Sind der Schmuck des Sachsenkindes.

61 Tiefer Tann! Am Vogelherde
Lauscht er, auf das Moos gekauert,
Still dem leisen Waidgespräche,
Das durch Busch und Wipfel schauert;

62 Still dem Bach, der fern im Grunde
Plaudert von geheimen Dingen,
Die geschahn, als Wicht und Elbe
Menschenhold auf Erden gingen.

63 Hat der Wald mit wunderbaren
Märchenträumen ihn umsponnen?
Denkt er an den Reiterknaben,
Der ein Königreich gewonnen?

64 An die Kron' im wilden Wasser,
Die ein Edelknecht errungen,
Der vom Stein mit Ross und Rüstung
Sie beherzt hinabgeschwungen? –

65 Horch, da schallt es durch die Stämme:
Dumpfe Schläge schwerer Hufe,
Panzerklirren, Schwertgerassel,
Hörnerschall und Freudenrufe!

66 Erzumstarrte Heergesellen
Sind's, die von den Hengsten steigen,
Um vor ihm, dem Froherstaunten,
Huldigend ihr Knie zu beugen.

67 ‚Gruß und Heil dir, deutscher König,
Sachsenspross, dir Ruhm und Ehre!
Volkserkorner, walte glücklich,
Stark und mild von Meer zu Meere!'

68 Und von Meer zu Meere hallen
Jubelstimmen tausendtönig:
‚Heil dem blonden Sachsenkinde,
Glück und Heil dem deutschen König!'"

10.

69 „Elmar, sind des Sundes Wogen
Wild empört im lauten Zanke:
Fest die Faust an deinem Steuer,
Fest den Blick auf deine Planke!

70 Sei kein Tor, den Sturm zu schelten,
Wenn er knickte Mast und Spieren;
Sieh nach dir: In stilles Wasser
Strebe deinen Kiel zu führen! –

71 Grolle nicht dem Weltgewalt'gen,
Der verwüstet deine Saaten:
Einer richtet; große Frevel
Sind zumeist die großen Taten.

72 Lass den Klirrern ihre Wege,
Und dem Himmel lass die Rache:
Deiner Seele Heil zu wirken,
Elmar, das ist deine Sache!"

11.

73 „Über abgrundtiefe Rätsel
Huscht der Mensch mit leichtem Sinne,
Sorglos, wie auf blauen Schlünden
Spielt und tanzt die Wasserspinne.

74 Kannst du, Fremdling, mir, von wannen
Und wohin du fährst, bescheiden?
Und den Zweck des Erdenganges?
Und die Absicht all der Leiden?

75 Bist du gleich dem Regentropfen,
Der, aus Dunst und Dampf gewoben,
Spurlos in das Nichts hier unten
Taumelt aus dem Nichts dort oben?

76 Weißt du Antwort? Wusste Antwort
Thiatgrim, dein kluger Friese?
Sprach sein Gott? Und welche Deutung
Gab der alte Himmelsriese?

77 O, ihr Reden ist nur Rauschen
Wie der Wellen, wie des Windes:
Offenbarung ist gekommen
Von den Lippen eines Kindes."

12.

78 „Andre Zeiten, andre Menschen,
Andre Menschen, andre Götter:
Einer bleibt, der Ewigstille,
Unentwegt vom Zeitenwetter.

79 Andre Zeiten, andre Götter,
Denn die Zeit verstürmt die alten:
Seltsam, wenn sie ein Jahrtausend
Auf den Stühlen sich gehalten!

80 Ob bei Volksgeschrei und Jubel,
Unter Flüchen, unter Zähren
Sie in Glut und Trümmer prasseln
Von geschändeten Altären;

81 Ob aus öden Tempelhallen
Sie als blasse Schemen weichen,
Unvermisst und unbeachtet
In den Gängen sich verschleichen:

82 Andre Zeiten, andre Götter,
Denn der Geist hat breite Schwingen,
In das Reich des Unerkannten
Strebt er rastlos vorzudringen.

83 Und die Sonnen jenes Reiches,
Die erleuchten, nicht verbrennen,
Führen aufwärts, Ihn, den Einen,
Unerkannten zu erkennen.

84 Und erbarmungsreiche Liebe
Neigt dem Sucher sich entgegen;
Jedem, der nach Wahrheit dürstet,
Quillt ihr Born auf allen Wegen. –

85 Trostlos ist es, für Geschwundnes,
Hingegangnes streiten wollen:
Hast du Macht, den Strom zu hemmen
Und zum Quell zurückzurollen?

86 Kann, was Asche ward, noch lodern?
Kann, was Leiche ward, genesen?
Zu den Toten fällt das Tote,
Sei es noch so schön gewesen. –

87 Mag ins Abendrot versunken
Trüben Muts ein Träumer klagen,
Doch der Blick der Wohlbereiten
Grüßt im Ost das junge Tagen."

13.

88 „Manches hab' ich dir berichtet
Von dem Friedenskind, dem frommen,
Das zu diesem Mittelgarten
Aus dem Himmelreich gekommen;

89 Aus des Himmels Sonnenburgen,
Gottes Sohn in Manneshülle,
Dass an ihm, dem Längstverheißnen,
Sich das Seherwort erfülle;

90 Wahrer Gott, und mit dem Vater,
Mit dem Geist von gleichem Wesen,
Eins in Dreiheit: ein Geheimnis,
Menschensinnen nicht zu lösen;

91 Sohn des Schöpfers aller Dinge,
Gott von Gott und Licht vom Lichte,
Fleisch geworden, dass er sühne
Und in Liebe alles schlichte;

92 Wie er, als ein Held und Herrscher,
Hochgemute kühne Degen,
Teure Zwölf sich auserkoren,
Fest und treu in allen Wegen;

93 Wie er zog von Gau'n zu Gauen
Segnend, mahnend, wundertätig,
Stets bereit zu sanfter Lehre,
Stets zu Hilf' und Trost erbötig;

94 Wie er dann ein Reich gestiftet,
Drin er seine Gnaden spendet,
Menschenhold, ein Reich des Friedens,
Das in dieser Zeit nicht endet;

95 Wie durch ungeheure Meintat
Schuldlos er am Kreuz gestorben
Und durch seinen Tod das Leben
All der Welt – und dir erworben;

96 Wie er sich, der Todbezwinger,
Siegreich aus der Gruft erhoben
Und verklärt hinaufgefahren
In sein Himmelreich dort oben;

97 Wie er einst, der Weltenwalter,
Kommen wird am Jüngsten Tage
Und den Lebenden und Toten
Wägen mit gerechter Waage,

98 Hoch und hehr, in großen Prächten
Auf den Wolken; mit Erstaunen
Und mit Zittern hört die Schöpfung
Das Erkrachen der Posaunen:

99 Dies und andres, was in dürrer,
Dürft'ger Red' ich dir entfaltet,
Hat ein gottgeweihter Sänger
Reich zum Heilandslied gestaltet.

100 Einer von den Unsern, Elmar!
Nicht in weicher welscher Zungen,
In der Heimat vollen Klängen
Hat er herrlich es gesungen.

101 Hörst du es, du glaubst im großen
Grünen Sachsenwald zu weilen:
Himmelweit die Astgewölbe,
Himmelhoch der Stämme Säulen!

102 Zwar der Vogelsang, das Rauschen
Dünkt dich neu und fremden Schalles,
Doch ist alles dir so nahe,
Heimatlich vertraut ist alles.

103 Und verständlich ist dir alles,
Was ertönt aus hundert Kehlen,
Und verständlich, was die Büsche,
Was die Bäume sich erzählen;

104 Und verständlich das Geplauder
In den Brunnen, in den Bächen,
Und verständlich, was die Blumen
Flüsternd miteinander sprechen.

105 Klar vor deinen Sinnen liegen
All des Waldes Heimlichkeiten:
Alle Fragen kannst du lösen,
Alle Rätsel kannst du deuten.

106 Und du staunst, wenn all die Laute,
All das Rauschen und das Singen
Andachtsvoll zu einem großen
Gotteslob zusammenklingen.

107 Und im fernsten Tale möchtest
Du dir eine Herdstatt gründen
Unterm Kreuz, um unterm Kreuze
Deiner Seele Ruh' zu finden!

108 Denn von seiner Dornenkrone
Geht ein wunderbares Scheinen
Durch die Welt, das alle Völker
Muss durchleuchten und vereinen. –

109 Elmar, horch: Die Frühlingsstürme
Tosen an des Sollings Halde!
Wenn die Sommerlüfte hauchen,
Führ' ich dich zum Wunderwalde.

110 Wo der Eichen hohe Wipfel
Mimigardeford umschauern,
Wohnt mein Freund im Strohdach-kotten
Unter Hirtenvolk und Bauern.

111 Hören musst du, selber hören
Ihn, den Sänger sondergleichen:
Wenn die Sommerlüfte hauchen,
Gehn wir in das Land der Eichen."

14.

112 „Red' ich zu dir warme Worte,
Elmar, aus des Herzens Fülle,
Glänzt dir wohl die Trän' im Auge,
Doch verharrst du stumm und stille.

113 Nach der Wahrheit steilen Burgen
Mag ein andrer wohl die Pfade
Dir durch Dorn und Felsen zeigen:
Führen kann nur Gottes Gnade.

114 Die Erkenntnis ist das Erbe
Nicht der Weisen, nein, der Frommen;
Nicht im Grübeln, nein, im Beten
Wird die Offenbarung kommen.

115 Soll ein Menschenauge schauen,
Muss der Himmel sich erschließen
Und ein Strahl von seinem Lichte
In das dunkle Herz sich gießen."

15.

116 „Leben magst du hundert Jahre:
Einst, wie Dampf im Berggelände,
Gehst du hin. – Wo kannst du bleiben?
Gott ist aller Dinge Ende.

117 Ward dir Kraft, von allen Kräften
Hast du Rechenschaft zu geben.
Wirke recht! Du wirst gerichtet,
Magst du hundert Jahre leben.

118 Denn die Kreatur ist Gottes,
Und sie kann ihm nicht entfliehen;
Einmal, morgen oder später,
Liegst du doch vor seinen Knien."

16.

119 „Elmar, o du machst mich traurig:
Was ich rede, ist verloren,
Denn du hörst nicht mit dem Herzen,
Denn du hörst nur mit den Ohren.

120 Man erzählt, ein blinder Priester
Predigte im Feld den Steinen,
Und die Steine riefen ‚Amen';
Du bist stumm; ich möchte weinen.

121 Träumst du wieder von den Wellen?
Ach, es ist ein trostlos Jagen!
Wasserfurchen, die du pflügtest,
Werden niemals Früchte tragen.

122 Wohl das Schwert, doch nie die Sichel
Mag auf grauer Woge klirren;
Nur dir selber zu gefallen,
Stürmst du in des Kampfes Wirren.

123 Müh' zur Lust ist eitle Mühe,
Nutzlos wie dem Meer der Regen;
Arbeit, die nicht andern frommet,
Das ist Arbeit ohne Segen.

124 Willst du dir und dir nur dienen,
Nirgend magst du Dank erwerben;
Schmachten wirst du, und am Ekel
Vor dir selber musst du sterben.

125 Erst gehörst du deinem Gotte,
Ihm zunächst der Heimaterde.
Bist du stark, sei froh; am stärksten
Ist der Mann am eignen Herde.

126 Bläh dich unter fremden Menschen:
Schweigt dein Volk, dein Ruhm ist nichtig;
Sachsenkind, mit jeder Faser
Bist du deinem Volke pflichtig;

127 Deiner Heimat, deiner Mutter,
Einer Kranken, einem Weibe;
Bist du brav, so zahl mit jedem
Tropfen Bluts in deinem Leibe.

128 Willst du fort, sie wird als bleiche
Bettlerin am Wege stehen
Und die dürre Hand dir strecken
Nassen Blicks. – Nun kannst du gehen!"

XVIII. Hildegundens Trauer

1.

1 „Andre, denen Leid geschehen,
Dürfen klagen, ich muss schweigen;
Wankt mein Mut in Furcht und Trauer,
Heitre Miene muss ich zeigen.

2 Die mir ratend helfen könnte,
Schläft hier unterm kalten Steine;
An der Linde ihr zu Häupten
Sitz' ich oft und weine, weine,

3 Leise nur; ein Mutterschlummer
Ist so leicht, sie würd' es hören;
Nein, es darf des Kindes Klage
Ihre Seligkeit nicht stören!

4 Wenn es schauert hoch im Wipfel,
Neig' ich mich zu bangem Lauschen:
Sind es liebe Flüsterworte?
Ach, es ist nur Windesrauschen!

5 Weiß sie nicht, was mir geschehen,
Hütet euch, dass ihr es saget,
Kleine Engel, die ihr Botschaft
Zwischen Erd' und Himmel traget.

6 O, sie würde, Urlaub heischend,
An der goldnen Pforte stehen;
O, sie würd' im Himmel weinen,
Wüsste sie, was mir geschehen!"

2.

7 „Einen wilden stolzen Falken
Hatt' ich mir zur Lust gezogen;
Mit dem Todespfeil im Herzen
Ist er fort, weit fort geflogen.

8 Liebt' er Ring und Lederkappe?
O, ins Weite mocht' er streben,
Durch die Wälder mocht' er schweifen,
In den Wolken mocht' er schweben,

9 Frei und kühn, ein Ziel dem Neide! –
Weh, ihn traf ein fremder Schütze,
Feig versteckt, nach Schächerweise,
Mordlich mit verruchter Spitze!

10 Seidne Bänder wollt' ich winden
Um sein glänzendes Gefieder,
Silberfäden, goldne Schnüre,
Käm' er nur, o käm' er wieder!

11 Weh um ihn, den Hochgemuten!
Den ich mir zur Lust gezogen,
Mit dem Todespfeil im Herzen
Ist er fort, weit fort geflogen."

3.

12 „Finstre Nacht und kalter Regen,
Und der Wald erseufzt im Winde:
O ihr Stürme, wilde Wetter,
Wenn er lebt, o seid ihm linde!

13 Treibt sein Kiel auf dunkelm Meere
Über Klippen, über Schlünde,
All ihr Wasser, all ihr Wogen,
Wenn er lebt, o seid ihm linde!

14 Irrt er auf verlassner Heide,
Suchend, wo er Obdach finde,
Führt ihn, all ihr guten Sterne,
Wenn er lebt, o seid ihm linde!

15 All ihr Engel, ihr, der reichen
Himmelsburgen Ingesinde,
Wo er ringe, wo er kämpfe,
Wo er sei, o seid ihm linde!“

4.

16 „Auf dem Sande weiße Schwäne,
Schwanenjungfrau’n, die sich baden,
Die zum lauen Süd sich schwangen
Von des Nordlands Eisgestaden.

17 Weiße Schwäne, wilde Mädchen,
Schön ist euer Los zu preisen:
Durch die Wellen könnt ihr rudern,
Durch die Wolken könnt ihr reisen!

18 Hätt’ ich eure Federhemden,
Durch die Himmelsräume flög’ ich;
Ihn zu finden, den ich suche,
Durch die Erdenreiche zög’ ich.

19 Ihn zu finden, den ich suche,
Schweift’ ich rings in allen Meeren,
Wär’s nur, einmal ihn zu grüßen
Und dann trauernd heimzukehren.“

5.

20 „Wenig sprach er stets, und einsam
Ging er meist auf stillen Wegen
Längs des Bachs, durch Wies’ und Saaten
Und in fernen Waldgehegen.

21 Dass er niemals, was er meinte,
Mir gestanden, darf’s mich kränken?
O ich weiß ja, unsre Liebe
Ist so alt als unser Denken.

22 Beben sah ich seine Lippe,
Seine Wange sah ich brennen,
Und sein tiefes treues Auge
Sagte mehr, als Worte können.“

6.

23 „Mondbeglänzt im stillen Walde
Schläft der Teich in Farn und Moose;
Mitternächtlich aus der Tiefe
Taucht die bleiche Wasserrose.

24 Träumend nicken Buch’ und Birke;
Nicht ein Flüstern, nicht ein Schaudern,
Um im Schlummer nicht das süße
Waldgeheimnis auszuplaudern.

25 Nenuphar, die weiße Blume,
Birgt sich gern in Nacht und Schweigen;
Nur des Himmels treuen Sternen
Wagt sie schüchtern sich zu zeigen!

26 Nur den kalten keuschen Lichtern,
Die da dämmern fern und trübe: –
Nenuphar, du weiße Blume,
O wie gleichst du meiner Liebe!“

7.

27 „Zwischen Berg und tiefem Tale
Sprießt ein Kräutlein, heißt Vergessen;
Wunderkräutlein, wer es äße,
Könnte ganz gesund sich essen.

28 Wer es fände, wem des Waldes
Dunkle Rätsel sich erschlössen,
Wer es pflückte, o er würde
All sein bittres Leid vergessen.

29 Ward mir von des Himmels Mächten
Leid, ein volles Maß, gemessen:
Leid ist meine beste Habe,
Und ich will es nicht vergessen.

30 Leid ist meine beste Habe,
Leid um das, was ich besessen;
Ob ich auch vergessen könnte,
Dennoch will ich nicht vergessen.

31 Wunderkraut, ob deine Blätter
Auf dem Gartenbeet mir sprössen:
Was ich leide, was ich liebe,
Will und mag ich nicht vergessen."

8.

32 „Wenn er auf den Schild, den blanken,
Pflicht und Vaterland geschrieben,
Und, von ihm geführt, die Sachsen
Uns aus Mark und Gau vertrieben;

33 Wenn er käme, für erlittne
Schmach das Rächeramt zu üben,
Alle, die ihn feig verließen,
Strafend mit gewalt'gen Hieben;

34 Wenn er dann mich fragte: ‚Hilda,
Bist du, was du warst, geblieben?'
Hasst' ich ihn? Mich selbst verachten
Müsst' ich, wollt' ich ihn nicht lieben."

9.

35 „Kommt ein fremder Mann geschritten
Durch das Tal in Schnee und Eise:
Fremder Mann, wie mag ihn führen
Her zu uns die Winterreise?

36 Tritt er an des Hofes Pforte,
Pocht mein Herz in lautern Schlägen:
Trüg' er Botschaft von dem einen? –
Und ich flieg' ihm rasch entgegen.

37 Fremder Mann, der wandermüde,
Obdach heischt er oder Spende,
Und am Herd bei Krug und Schale
Wärmt er sich die starren Hände.

38 Neues bringt er, trübe Märe
Von Erfrornen und Vermissten,
Von der Hungerwut des Wolfes
Und des Fuchses argen Listen;

39 Von der Not, die Reh' und Hirsche
Treibt in Hütten und in Scheunen:
Dies und das, nur keine Kunde,
Keine Kunde von dem einen!

40 Rotes Gold, o einen Schild voll,
Wär' es mein, ich gäb' es gerne
Jedem, der mir Botschaft brächte
Von dem einen aus der Ferne."

10.

41 „Krank am Leib und im Gemüte,
Krank zum Tod vom Biss der Schlange
Ging er fort; ein letztes Grüßen
Winkt' ich ihm vom Hügelhange.

42 Letztes Grüßen? – War's ein letztes
Fahrewohl zum letzten Gange?
War's ein letztes nicht, weswegen
Trieb es mich mit dunkelm Drange?

43 War's ein letztes nicht, weswegen
Klopft mein ahnend Herz so bange? –
Wenn er lebte, wo er lebte,
Botschaft hätt' ich lange, lange!"

11.

44 „Kam er durch den Wald geritten,
Kam er durch das Feld gegangen,
O wie glänzten seine Augen,
O wie blühten seine Wangen!

45 Steht er jetzt vor meiner Seele,
Der Verlorne, den ich liebe,
O, wie ist so bleich sein Antlitz,
O, wie ist sein Blick so trübe! –

46 Weiße Wände, Kienspanlichter;
Ihm zur Seite dunkle Schatten,
Stumm und ernst, als müssten morgen
Einen Toten sie bestatten."

12.

47 „Tritt der Händler in die Halle,
Gelb von Haut und schwarz von Haaren,
Vielgeschwätzig auf den Tischen
Legt er aus die bunten Waren:

48 Scharlach von den Griecheninseln,
Lündisch Tuch und Mohrenseide,
Stahlgewirk aus Mailands Essen
Und romanisch Goldgeschmeide.

49 Wühlend in den Siebensachen,
Kauft der Vater ganze Haufen;
Freut' es mich, er würde gerne
All den eiteln Kram mir kaufen.

50 Und ich schenkt' ihn gern den Mägden,
Sich zu putzen für den Freier;
Mir geziemt nur düstre Wolle,
Tränentuch und Witwenschleier."

13.

51 „Aiga sagt, ein dunkles Rätsel
Sei der braune Schmiedebube;
Regentriefend, müd und hungrig
Trat er gestern in die Stube.

52 Wohlgepflegt am frischen Feuer
Saß er dann und summte leise,
Wie im Traum, geschlossnen Auges
Eine fremde trübe Weise.

53 Wendisch war's: des Falken Klage,
Der, vom Walde weit, im Bauer
Einsam, mit gelähmtem Flügel
Sich verzehrt in Zorn und Trauer.

54 Zaghaft sprach ich: ‚Singe weiter,
Wenn du kannst, die düstre Kunde,
Ob genesen der Gefangne
Heimwärts flog zum grünen Grunde?'

55 Doch die schwarzen Locken schüttelnd,
Lacht' er still; die Perlenzähne
Glänzten weiß, und auf die Wange
Rollt' ihm eine dicke Träne."

14.

56 „Grünt der Wald und blüht die Wiese,
Gehn die Mädchen in den Hagen,
Knüpfen Halme, zupfen Blätter,
Holde Antwort zu erfragen;

57 Holde Antwort über einen,
Den sie meinen in Gedanken:
Wilde Rose, die ich suche,
Birgt sich unter Dorn und Ranken.

58 Blätter fünf der wilden Rose,
Die wie Herzen sind zu schauen,
Was ich meine tief im Herzen,
Will ich heimlich euch vertrauen.

59 Schreiben will ich auf das erste
Stiller Liebe Runenzeichen;
Auf das erste und das zweite,
Denn das erste wird nicht reichen.

60 Bittre Klage auf das dritte,
Auf das vierte bittre Klage;
Ach, nicht hundert Blätter fassten
All den Kummer, den ich trage!

61 Auf das fünfte, o wie gerne,
Möcht' ich meine Hoffnung schreiben!
Da ich keine Hoffnung habe,
Muss es unbeschrieben bleiben.

62 Mag der Wind die Runen lesen
Und verrauschen! – Keine Boten
Gehn von diesem Strand zu jenem
In das stille Reich der Toten!"

15.

63 „Oft verloren in Gedanken
Sitzt der Vater, tief bekümmert:
Was erregt ihn und bewegt ihn,
Wenn ihm feucht die Wimper schimmert?

64 Traurig sucht mich oft sein Auge,
Doch sein Blick entweicht dem meinen;
Sieht er fort und lächelt trübe,
O, dann muss ich gehn und weinen!

65 Niemals nennt er einen Namen,
Den ich nie zu nennen wage;
Ist es nicht, als ob er heimlich
Seinen Urteilsspruch beklage?

66 Oft berät er sich mit Diethelm
Und ermahnt den biedern Alten,
Auf dem Habichtshofe alles
Wohl in Fug und Schick zu halten.

67 Kann er hoffen, dass der Falke
Je zur Heimatstätte kehre? –
O ich zittre, wenn ich denke,
Dass es dennoch möglich wäre!"

16.

68 „Pfänder zwei, vielteure Pfänder,
Ließ er mir zurück beim Scheiden,
Reichen Hort, um den ein reiches
Königskind mich mag beneiden.

69 Pfänder zwei, vielteure Pfänder:
Hier den Ring zum Seingedenken,
Dort das Schwert zum Aufbewahren,
Will ein Gott ihm Heimkehr schenken.

70 Heimkehr? – Wenn in schwerster Stunde
Er noch Heil zu hoffen wagte,
Krank an Glück, an Leib und Ehre,
Unrecht wär's, wenn ich verzagte.

71 Ring, mich stets an ihn zu mahnen,
Still auf meinem Herzen ruhe;
Schwert, bis er dich wiederfordert,
Harre sein in sichrer Truhe!"

17.

72 „Mag der Mann mit Wort und Eisen
Trotzen dem Geschick, dem harten,
Ihm gebührt es; Frauenwaffe
Ist Gebet und stilles Warten.

73 Warten will ich Tag' und Nächte
Wandellos in Lieb' und Treue:
Reicher Gott, verzeih mir Armen,
Wenn ich sein mich nicht verzeihe.

74 Hör mich, reicher Gott im Himmel;
Beten will ich Tag' und Nächte:
Tu an ihm nach deiner Güte,
Was ihm frommt! Du kennst das Rechte.

75 Die den offnen Blick belastet,
Nimm ihm ab des Wahnes Binde:
O ich weiß, er sucht dich lange;
Hilf ihm, Herr, dass er dich finde!

76 Schau ihn an mit mildem Auge,
Treuer Gott, den Tiefgebeugten;
Deiner Huld nur einen Funken
Lass erbarmungsvoll ihm leuchten;

77 Deines Lichts nur einen Schimmer
Gieß auf seine dunkeln Pfade:
Gott, mein Gott, in seine Seele
Einen Strahl nur deiner Gnade!"

18.

78 „Nächten sah ich ihn im Traume,
Die Erinnrung macht mich beben,
Wie er rang mit einer wüsten
Wurmgestalt auf Tod und Leben.

79 Hochgebäumt, mit offnem Rachen
Stürzt' auf ihn das Ungeheuer;
Grauer Dampf entquoll dem Schlunde,
Wut dem Blick und wildes Feuer.

80 Schuppenringe, grimme Tatzen,
Sah ich um den Mann sich klammern;
Deutlich hört ich's: ‚Hildegunde!',
War sein halb ersticktes Jammern.

81 Fliegen wollt' ich, ihn entreißen
Aus des Untiers Klau'n und Zähnen,
Doch gelähmt, gebannt, gebunden,
Konnt' ich ‚Gott, mein Gott!' nur stöhnen.

82 Da – im Blute schwamm der Drache!
Und mein Held? – Sein lichtverklärtes
Antlitz strahlt', und selig lächelnd
Hielt er hoch das Kreuz des Schwertes."

19.

83 „Auf dem Raine Klee und Blumen,
Und die Drossel singt im Hagen:
Langer Winter, trüber Winter, –
Ach, wie hab' ich's nur ertragen!

84 Seh' ich rückwärts: Zagen, Hoffen;
Seh' ich vorwärts: Hoffen, Zagen;
Immerfort der alte Zweifel,
Immerfort dieselben Klagen!

85 Eitel ist es, Wind und Wolke,
Sonn' und Mond nach ihm zu fragen;
Wenn er atmet, wo er atmet,
Eine wüsst' es mir zu sagen;

86 Eine, der die Himmelswandrer,
All die Vögel, Botschaft tragen;
Mag sie auf das Frankenmädchen
Finster schaun, ich will es wagen!"

XIX. Elmar im Klostergarten

1.

1 „Geh' ich durch den Klostergarten
Bei des Frühlings lindem Weben,
Staunen muss ich, dass ich atme
Nach dem Kampf auf Tod und Leben;

2 Atme, weil mit seltner Treue
Gute Menschen für mich wachten,
Christen für den Ungetauften,
Und dem Leib Genesung brachten.

3 Nur dem Leib: der wunden Seele
Arzenei erdenkt kein Denker!
Kam sie krank in diese Mauern,
Krank genug, hier ward sie kränker.

4 Kam sie krank an Hass und Liebe,
Krank genug an diese Stelle,
Kränker durch des Zweifels Qualen
Ward sie in der Klosterzelle!

5 Beides bist du, Pater Prior,
Weis' und gut, des muss ich klagen:
Deine Weisheit, deine Güte
Hat mir bittre Frucht getragen."

2.

6 „Beides bist du, Pater Prior,
Weis' und gut, doch mir zum Leide;
Seit ich horchte deinem Raunen,
Wichen von mir Fried' und Freude. –

7 Früchte sucht der Knab' im Walde,
Wo sich Blatt und Beere drängen;
Immer reifer, immer röter
Glühn sie an den Berggehängen;

8 Sommersüße große Früchte,
Immer röter, immer reifer
Glühn sie in den Talgewinden,
Und den Knaben zieht der Eifer.

9 Und der Eifer zieht den Knaben
Immer tiefer in die Gründe,
Bis wie Rätsel ihn umstricken
Berggehäng' und Talgewinde.

10 Fremd ist ihm der Born im Steine,
Fremd der Bach, der muntre Wandrer,
Fremd der Fels und auf dem Felsen
Selbst der Sonnenschein ein andrer;

11 Fremd die Blumen, fremd die Bäume,
Fremd die Vögel in den Zweigen:
Ach, wer wird dem armen Jungen
Den ersehnten Rückweg zeigen? –

12 Pater Prior, Pater Prior,
Deiner Weisheit linde Lehren
Führten mich in Irr' und Wirre
Wie den Knaben rote Beeren."

3.

13 „Wird den Menschen zugewogen
Leid und Lust mit gleicher Waage,
Schulden mir gerechte Götter
Sonnenschein und linde Tage.

14 Dunkel war es, was ich lebte!
Übles hast du angestiftet,
Wodanspriester, der das weiche
Knabenherz mit Hass vergiftet.

15 Dann ein Rausch, der siegestrunkne
Taumel auf den Wikingszügen:
War das frohbewussten Glückes
Ruhig atmendes Genügen?

16 Dann des Argen Neid, der mitten,
Mitten mich ins Herz getroffen;
Ächtung, Siechtum, Seelenkämpfe
Und ein Lieben ohne Hoffen.

17 Innerlich verhärmt, verkümmert,
Seh' ich um mich Schutt und Scherben:
O ihr allzu treuen Pfleger,
Warum ließt ihr mich nicht sterben? –

18 Wird den Menschen zugewogen
Leid und Lust mit gleicher Waage,
Schulden mir gerechte Götter
Sonnenschein und linde Tage."

4.

19 „Im Gebirg ist eine Stelle,
Wo der Sturm, der wildempörte,
Brechend in den hohen Hallen,
Bis zum Grund den Wald zerstörte.

20 Hingerafft, geknickt, zerschmettert
Liegen dort die mächt'gen Eichen;
Unter Weiderich und Binsen
Modern ihre Riesenleichen;

21 Aufeinander, durcheinander
Stamm und Äste, wild verworren;
Losgerissen in die Lüfte
Stehn die schwarzen Wurzelknorren.

22 Die von Frühlingswonne träumten,
Finkenschlag und Blumenschimmer,
Warf im Zorn das Wetterbrausen
Einer Winternacht in Trümmer.

23 Öd und wüst! – So wüst und öde
Ward mein Leben. Eine Stunde
Richtete die Blütenbäume
Meiner Hoffnung jäh zugrunde.

24 Wüst und öde! Um die Toten
Spinnen sich, wie dunkle Ranken
Einen Runenstein umweben,
Meine traurigen Gedanken."

5.

25 „Wäre nicht der Neid der Götter,
Menschen könnten glücklich werden;
Wäre nicht der Hass der Menschen,
O, es wäre schön auf Erden!

26 Grollend schaun die Loseschüttler
Von den dunkeln Wolkensitzen;
Will ein Herz in Hoffnung knospen,
Dräun sie mit des Zornes Blitzen.

27 Will ein Herz in Freud' erblühen,
Auf die ersten zarten Sprossen
Schleudern sie mit harten Händen
Winterschnee und raue Schlossen.

28 Und der Erdensohn, um aller
Not ein Übermaß zu schaffen,
Schlag um Schlag auf seinesgleichen
Schwingt er die verruchten Waffen.

29 O, nicht hungerhagre Wölfe,
Die ein krankes Reh gefunden
Und sich balgen um die Beute,
Reißen sich so tiefe Wunden! –

30 Wäre nicht der Neid der Götter,
Menschen könnten glücklich werden;
Wäre nicht der Hass der Menschen,
O, es wäre schön auf Erden!"

6.

31 „Ehrlos, wehrlos! – All der Wälder,
All der Hage, all der Heiden
Ist mir nicht so viel gelassen,
Einen Stab davon zu schneiden.

32 Ehrlos, wehrlos! – All der Hufen
Nicht ein armer schmaler Fetzen,
All der Häuser nicht ein Fleckchen,
Einen Dreibein drauf zu setzen.

33 Straßen hat die Welt, vier Straßen,
Offen seit viel tausend Jahren:
Blas' ich eine Federflocke,
Wo sie fliegt, da kann ich fahren.

34 Weit, so weit die Wasser rinnen,
Rechtlos, friedlos! Leib und Leben
Sind dem Schächer wie dem Wolfe,
Wie dem Raben preisgegeben.

35 Und die Seele? – Ohne Antwort
Muss ich fragen, immer fragen:
Wüsst' ich Raum für sie, das andre,
O, das andre wollt' ich tragen!

36 Kann sie fliehn zu Walhalls Göttern?
Sind sie denn? – Zum Gott der Christen?
Ist er denn? – Der müde Kämpfer
Ringt in Zweifeln und in Zwisten."

7.

37 „Keine Götter sitzen droben
Auf den grauen Wolkenstühlen,
Keine, oder felsenharte,
Die nicht Leid, nicht Mitleid fühlen;

38 Keine, oder dumpfe Schläfer,
Die auf weichen Polstern gähnen
Und, vergessend wie vergessen,
Die Jahrtausende verdehnen.

39 Walhall? Morgentraum des Knaben,
Beim Erwachen schnell verflogen!
Thiatgrim, der alte Friese,
Deucht mir fast, hat viel gelogen. –

40 Leb' ich nicht? Und was lebendig
In mir wirkt, wo kann es bleiben?
Wird es nichtig wie die Hülle,
Die es deckt, im Sturme treiben?

41 Ohne Antwort muss ich fragen,
Ohne Trost, wohin ich kehre,
Und erschrocken starrt das Auge
In die Nacht, ins Ewigleere."

8.

42 „Künste lernt' ich, edler Künste,
Hoher Künste lernt' ich sieben,
Wie sie übten unsre Väter,
Wie sie Nordlandsmänner üben:

43 Runen lesen, Runen ritzen,
Und der Harfe Saiten rühren;
Schmieden eine zähe Klinge,
Und im Streit sie ehrlich führen;

44 Fest auf Rossesrücken haften,
Schwimmen durch empörte Sunde
Und mit Pfeil und Speer ins Weite
Senden sichre Todeswunde.

45 Künste lernt' ich, edler Künste,
Hoher Künste lernt' ich sieben;
Wenig frommen sie, die eine
Schwerste ist mir fremd geblieben:

46 Könnt' ich denken, was ich wollte,
Und vergessen, was ich möchte,
Heller wären meine Tage,
Stiller wären meine Nächte."

9.

47 „Die beneid' ich, die im Glanze
Deutscher Heldenzeit sich sonnten,
Die mit Schwertern statt mit Worten
Ihre Meinung sagen konnten.

48 Tatlos schlepp' ich meine Tage!
O, ich habe Zeit zum Denken,
Zeit zum Sinnen und zum Suchen,
Zeit genug, mich selbst zu kränken.

49 Und die Mönche, sie umhegen
Mich mit rücksichtsvoller Liebe,
Mir zur Qual; ich trüge leichter
Keulenschlag und Klingenhiebe.

50 Irren will ich durch die Lande,
Auf den Wassern will ich treiben;
Tödlich ist mir dieses Brüten,
Und hier kann ich nimmer bleiben."

10.

51 „Von der Heimaterde scheiden,
O, wohl ist es hart und herbe!
Muss ich scheiden ohne Hoffnung,
Bin ich tot, bevor ich sterbe.

52 Muss ich scheiden ohne Hoffnung,
Gleich dem Hirsch auf mürbem Eise,
Das im Strom zum Meere flutet,
Fahr' ich trostlos auf die Reise.

53 Zwar in weltentlegner Bergschlucht,
Wo der Eber suhlt, der graue,
Könnt' ich hausen mit dem Waldschrat,
Hehlings, wie der Fuchs im Baue,

54 Wildes Tier mit wilden Tieren;
Dann aus Not ein Dieb, ein Schächer,
Dann zu Trug und Hohn der Häuptling
Ausgestoßener Verbrecher. –

55 Armer Elmar, irre, irre
Durch die Wasser, durch die Lande:
Findest du kein Grab in Ehren,
Such ein Grab dir ohne Schande!"

11.

56 „Winternachts am Hallenfeuer
Wusste Wilfried Thorkells Gästen
Nordlandssagen zu berichten
Von dem Weinland fern im Westen,

57 Das zuerst der rote Erik,
Dann Björn Asbrandson gefunden,
Als auf reisemüden Kielen
Sturm sie trieb von Sund zu Sunden.

58 Traumhaft wunderliche Sagen
Von des Waldes Riesenkronen,
Von den armen roten Männern,
Die in ihrem Schatten wohnen;

59 Von des Dickichts Astgewirre,
Blumenschlingen, Laubgewinden,
Wo nur mühvoll kluge Jäger,
Hirsch und Bär den Wildpfad finden;

60 Von den seltsam bunten Vögeln,
Die durch Strauch und Wipfel streifen
Oder, eine graue Wolke,
Bucht und Klippenhang umschweifen;

61 Von des Bibers Wasserdörfern,
Von der Taube Wanderzügen,
Von des Büffels Weidegängen
Und der Schneegans hohen Flügen;

62 Vom Gelock der Rebenranken,
Die um Stamm und Zweige gaukeln,
Von den purpurdunkeln Trauben,
Die im Sonnenglanz sich schaukeln;

63 Von dem Weizenfeld der Lichtung
Zwischen Fluss und Felsenföhren,
Lanzenschäfte all die Halme,
Goldne Keulen all die Ähren;

64 Von des Urwalds tiefem Schweigen,
Wenn die stillen Sternenbälle
Glühn und weit verhallt der dumpfe
Nachtgesang der Wasserfälle;

65 Wenn der Wildnis fromme Söhne
Aus den Hirschhautzelten treten
Und gehobnen Haupts zum großen
Unbegriffnen Geiste beten. –

66 Fernes Land! In Kinderunschuld,
Nicht verwirrt vom Kampf und Kriege
Zwischen Göttern, zwischen Menschen,
Schläfst du in der Wellenwiege!

67 Ob die graue Wasserwüste
Dich in Nacht und Nebel berge,
Dennoch find' ich dich; dem Flüchtling
Ist die Not ein guter Ferge.

68 Ausgestoßen von den Meinen,
Wilder Wolf im eignen Lande,
Seh' ich vor mir Strick und Grube,
Hinter mir die Treiberbande.

69 Wertlos ward ich gleich dem Moose,
Gleich dem Pilz am Bergeshange,
Die das Reh des Waldes achtlos
Niedertritt auf seinem Gange;

70 Wertlos gleich dem Fichtenzapfen,
Den der Sturm mit Laub und Schorfen,
Seines Spielwerks überdrüssig,
In den Heidesumpf geworfen. –

71 Schönes Land im weiten Westen,
Fern und einsam! – Heb die Schwingen,
Freier Falk, du heimatloser,
Eine Heimat zu erringen!

72 Heb die Schwingen! Schon zu lange
Hast du träumend hier gesessen;
Fort, meerüber: in der Wildnis
Allvergessend, allvergessen!"

12.

73 „Geh' ich einsam durch die Büsche,
Sitz' ich einsam in der Zelle,
Unablässig mir zur Seite
Folgt ein treuer Sprechgeselle.

74 Immer surrt er: ‚Harre, harre!'
Immer raunt er: ‚Bleibe, bleibe;
Alles fügt sich, eh' im höchsten
Sommer steht die Sonnenscheibe!'

75 Und ich harre, weil ich tiefer
In mein Suchen mich versenke,
Und ich bleibe, – und ich bleibe,
Hilda, weil ich dein gedenke."

13.

76 „Wind, du unsichtbarer Wandrer,
Flüchtig ist dein Gang vom Westen,
Wenn du in die Tannenwipfel
Schreitest aus den Eichenästen;

77 Wenn du schauerst durch die Blätter,
Wenn du flüsterst mit den Zweigen,
Und, zu lauschen, Halm und Blüte
All die klugen Köpfchen neigen.

78 All den Blüten, all den Halmen
Lispelst du ein liebes Grüßen
Von den Dolden, von den Glocken,
Die im blauen Walde sprießen.

79 Wind, du unsichtbarer Wandrer,
Rausche nur durch Busch und Hagen;
Von der Blume, die ich meine,
Hast du mir kein Wort zu sagen."

14.

80 „Wüsst' ich sie im sichern Hafen,
Mit den Stürmen kämpft' ich gerne,
Alle Schmerzen wollt' ich dulden,
Bliebe jeder Schmerz ihr ferne.

81 Wär' ihr besser, möcht' ich lieber,
Dass sie keine Schmerzen trüge,
Dass, sooft sie mein gedenket,
Banger nicht das Herz ihr schlüge?

82 Dass sie mein nicht mehr gedächte?
Herbstes Wort von allen herben!
Bittrer Tod: Vergessenwerden
Ist noch bitterer als Sterben.

83 Eine Lieb' ist keine Liebe;
Dass sie durch zwei Herzen gehe,
Ist ihr Recht, und beiden bringe
Sehnend Leid und wundes Wehe."

15.

84 „Greiser Prior, deine Lehren
Sind verständig, sehr verständig:
Nur erwäge, greiser Prior,
Du bist tot und ich lebendig.

85 Deine Lehren, greiser Prior,
Wie des Schnees gelinde Flocken
Säuseln sie vom frost'gen Himmel
Auf des Frühlings Blumenglocken.

86 Alte Menschen, kalte Menschen!
Ihre Häupter grauer Winter,
Ihre längst verglühten Herzen
Längst erstarrte harte Sinter."

16.

87 „Wunderlich! Ein altes Märchen
Deucht es mir, gehört im Traume:
Sinnend, einen Kranz im Schoße,
Saß sie unterm Apfelbaume.

88 Weiße Blütenblätter streifend
Von der Achsel, aus den Locken,
Gab sie mir den Gruß zurücke
Hold errötend, süß erschrocken.

89 Eines hatt' ich ihr zu sagen;
Statt des einen sagt' ich immer,
Was ich nicht zu sagen hatte,
Was ich hatte, sagt' ich nimmer.

90 Von dem großen grauen Wolfshund,
Ihrem treusten Weggesellen,
Von der Brut im Nest der Amsel
Sprach ich und des Bachs Forellen.

91 Wunderlich! Geschliffne Äxte
Sah ich furchtlos auf mich zücken,
Und vor einem Mädchen stand ich
Zaghaft mit gesenkten Blicken."

17.

92 „Wollte manchmal stille Hoffnung
Sich im Herzen leise regen,
Hielt mir eine blasse Idis
Strengen Blicks das Kreuz entgegen.

93 Schöne Idis, o ich weiß es,
Wo sich unsre Wege scheiden:
Lieben könntest du den Sachsen,
Den Gebannten, nie den Heiden.

94 Lieben könntest du den Bettler,
Doch den Kreuzverächter nimmer;
Da sich unsre Wege scheiden,
Lebe wohl, leb wohl auf immer!"

18.

95 „Steh' ich vor dem Zauberberge,
Süße Klänge rauschen drinnen:
‚Komm zu uns, bei uns alleine
Magst du Huld und Heil gewinnen!

96 Komm zu uns, schon lange, lange
Harren wir des blonden Knaben;
Komm, und alles ist dein Eigen,
Komm, und alles sollst du haben!' –

97 Eine winkt mir traurig lächelnd,
Und mein Herz will zu der einen:
‚Ja, ich komme!' – möcht' ich rufen;
‚Nein, ich kann nicht!' – muss ich weinen.

98 Steh' ich vor dem Zauberberge,
Süße Klänge hör' ich rauschen:
Fort, o fort! – Doch wie gefesselt
Muss ich stehn und lauschen, lauschen."

19.

99 „Deiner Worte, greiser Prior,
Auch nicht eines ging verloren,
Klagst du gleich, der träge Schüler
Lausche dir nur mit den Ohren.

100 Jedes hab' ich wohl verstanden
Und erwogen tief im Herzen:
Greiser Prior, statt des Trostes
Brachtest du mir Not und Schmerzen;

101 Statt des Glaubens bange Zweifel,
Statt der Ruhe irres Schwanken;
Immer jagend, immer fragend,
Schweifen unstet die Gedanken;

102 Gleichwie sturmgetriebne Tauben,
Fern den heimatlichen Buchen,
Zwischen See und Himmel flattern
Und umsonst ein Eiland suchen.

103 Pfadlos sind die blauen Lüfte,
Ratlos bin ich selbst und müde;
Was ich suche, was ich sehne,
Ist nicht Glück, nur Friede, Friede!"

20.

104 „Welch unsel'ge Zeit! Der Fremdling
Herr im Land, gehöhnt die Treue,
Krank das Recht, der alte Glaube
Tot, und rätselhaft der neue.

105 Wär' ich grau, verschmerzen könnt' ich
Alle Mühsal, die gewesen,
Und im Sterben von des Lebens
Langem Siechtum bald genesen.

106 Jugend heischt und hofft; verloren
War mein Dringen und mein Werben!
Frommt es nicht, der Welt zu leben,
Tut es not, der Welt zu sterben.

107 Glücklich, wer von ihr geschieden
Eine Siedelei sich baute
Und vom Gartenfleck am Walde
Neidlos in das Wirrsal schaute;

108 Oder, wenn der Geist ihn triebe,
In der Klosterzelle säße
Und, ins Ewige versunken,
Zeit und Erdenleid vergäße!"

21.

109 „,Nicht ein Sperling fällt vom Dache,
Nicht ein Haar von deinem Haupte
Außer Gott und Gottes Willen!' –
Guter Prior, wer das glaubte!

110 Und du sprachst: Sein starker Wille
Führte mich in tiefes Schweigen
Aus der Welt, um mir die rechte
Straße in die Welt zu zeigen;

111 Und du sprachst, dass auch das Üble
Dem zum Heil gereichen müsste,
Der es Gott zuliebe trüge: –
Guter Prior, wer das wüsste!

112 Ebb' und Flut in meinem Kopfe:
Soll sich stillen all das Streiten,
Guter Prior, manches Rätsel
Hast du mir noch auszudeuten!"

22.

113 „Auch die Feinde soll ich lieben?
Pater Prior, welch Verlangen!
Schlägt mich wer, ich soll gelassen
Ihm erbieten beide Wangen?

114 Harter Mönch, du lehrst und forderst
Hundert Pflichten, schwer zu üben,
Doch die übermenschlich schwerste
Dünkt mich, seinen Feind zu lieben. –

115 Und ihr tut es; ich erfuhr es
An mir selbst! – Nun schweig, du Spötter,
Wodanspriester; diese Menschen
Können mehr als unsre Götter!"

23.

116 „Schwank' ich zwischen Gott und Göttern,
An die Menschheit, die ich hasste,
Glaub' ich nun: ein Gottesodem
Lebt und wirkt im Erdengaste.

117 War's durch fromme Kraft des Guten,
War's durch dunkle Macht des Bösen,
Dass nach mondelangem Ringen
Ich von schwerer Sucht genesen?

118 Alte Drude, stammt dein Werben
Aus des Abgrunds Finsternissen?
Dein Beschwören ist dein Suchen,
Und dein Zauber ist dein Wissen.

119 Deine Blumen, deine Kräuter
Sprießen froh am Licht der Sonnen,
Und mit reinen Händen schöpfst du
Aus des Bergs kristallnem Bronnen;

120 Und mit reinen Händen boten
Gute Menschen mir den Becher,
Christ dem Heiden, biedre Mönche
Dem geächteten Verbrecher. –

121 Wunder gibt es, deren Wirken
Nie zu Ende wird geschrieben:
Menschengeist mit seinem Forschen,
Menschenherz mit seinem Lieben."

24.

122 „Oft erscheinen mir Gestalten,
Wie ich sie geträumt im Fieber.
Ja, so war es: Eine Jungfrau
Saß mir schweigend gegenüber;

123 Schwarz ihr Kleid, ein Kreuz am Busen,
Weiß ihr Mieder; reinste Güte
In den Blicken, auf den Wangen
Lilienschnee und Rosenblüte:

124 Caritas, ein Christenmädchen,
Immer liebreich, immer huldig,
Immerdar getrosten Mutes
Dienstbeflissen und geduldig.

125 Also sah ich sie, die Fromme,
Ob sie sanft sich um mich mühte
Oder, tief gesenkt die Stirne,
Betend vor dem Lager kniete. –

126 Caritas, wie schufst du herben
Widerstreit mir im Gemüte!
Zwingt die Macht der Menschen Nacken,
Menschenherzen zwingt die Güte.

127 Vor dem starken Gott der Christen,
Vor der Milde seiner Lehren
Beugt' ich mich, wenn nicht verhasste
Franken die Verkünder wären."

25.

128 „Wie, wenn, statt besiegt zu werden,
Wir die Franken übermochten,
Hatten wir nicht unsre Götter
Aufgedrängt den Unterjochten?

129 Hätten wir die guten Mönche
Nicht verlacht als eitle Schwätzer?
Denn die Wahrheit hat der Sieger,
Der Besiegte ist ein Ketzer. –

130 ‚Was ist Wahrheit?', rief der Römer
Spöttisch in der Christensage;
Ohne Antwort in die Wolken
Schreit der Welt uralte Frage. –

131 ‚Soll ein Menschenauge schauen,
Muss der Himmel sich erschließen
Und ein Abglanz seines Lichtes
In das dunkle Herz sich gießen!'

132 Also sprachst du, weiser Prior! –
Beten soll ich? Wird es frommen?
Wenn ich bete, wird im Beten
Mir die Offenbarung kommen?"

XX. Zwei Frauen

1 Dämmernacht! Durch Busch und Wipfel
Ging ein ahnungsvolles Weben
Wie ein Traum von Lenz und Liebe,
Finkenschlag und Blütenleben.

2 Vor dem Grottentor der Drude
Spross der Farn aus fahler Hülle
Halb entrollt; der Brunnen raunte
Leis im Moos, sonst tiefe Stille.

3 Nächst dem Brunnen saß ein Mädchen,
Auf den Knien verschränkt die Hände,
Müd und blass. – „Wie schaurig einsam
Dünkt mich heut das Berggelände!

4 Horch, ein Ruf, wie aus den Lüften,
Fern und hohl! – Es ist der Reiher,
Der allnächtlich von der Nethe
Nordwärts zieht zum Heideweiher.

5 Finster steht der Wald; gespenstig
Recken sich die schwarzen Stämme,
Wüst Getier; die Wurzelknorren
Sträuben drachengleich die Kämme.

6 Naht es nicht von da und dorten?
Wolfsgeheul und Wetterbrausen
Schreckt mich nicht, doch dieses Schweigens
Dumpfes Brüten macht mir Grausen.

7 Arme Hilde! – Offne Wege
Ging ich sonst am lichten Tage:
Heimlich und auf Schächersteigen
Kriech' ich jetzt im nächt'gen Hage.

8 Sonst, mit Sonnenschein im Herzen,
Wollt' ich immer, was ich musste,
Stets getrost, weil auf dem Pfade
Meiner Pflicht ich stets mich wusste;

9 Jetzt, von Not und Qual getrieben,
Folg' ich einem dunkeln Drange;
Eine such' ich, die ich fürchte,
Die mich hasst, erwart' ich bange.

10 Ob sie kommt, die düstre Waldfrau?
Zwiefach ängstigt meine Seele
Zage Scheu, dass ich sie finde,
Sorge, dass ich sie verfehle.

11 Wenn sie kommt, was soll ich sprechen?
Wenn sie sprach, was kann sie denken?
Wird sie nicht mit rauer Rede
Schadenfroh die Kranke kränken?

12 Wird sie nicht die Fremde bannen
Und dem Christenmädchen fluchen?" –
„Nein, sie heißt dich gern willkommen",
Sprach es seitwärts in den Buchen.

13 „Nein, mit Schmach und herben Worten
Wird sie dich nicht überschütten:
Jung und alt, seit hundert Wintern
Hat sie mehr als du gelitten.

14 Männerstreit gehört den Männern,
Recht der Götter ist die Rache;
Vieles lernt' ich und das eine,
Duldersinn sei Frauensache.

15 Komm, ich sitze zu dir nieder!
Was dich drängte, mich zu fragen,
Ward mir kund; ein wilder Vogel
Hat es heut mir zugetragen." –

16 Drauf die Jungfrau mit Erröten:
„Weise Frau, du bist so linde,
Und du redest weiche Worte
Wie die Mutter mit dem Kinde.

17 Was mich quält – um meinetwillen
Hat ihn alles Weh betroffen! –
Muss ich trauern um den Toten,
Oder darf er Heimkehr hoffen?

18 Hätt' ich eine Mutter – einsam
Bin ich, und wem kann ich's klagen?
Weinen muss ich –" Sprach die Drude:
„Kind, ich will dir alles sagen!

19 Den du meinst, wiewohl genesen,
Krank verweilt er bei den Stillen,
Frei der Fesseln, weil gefesselt
Nur durch Wahl und eignen Willen;

20 Fern den Seinen, niemals ferner,
Nahe dir und niemals näher:
In der Menschenbrust zu lesen,
Braucht es keiner Zukunftsspäher.

21 Ob nicht dir, doch einem andern
Senden werd' ich meinen Boten;
Liebe zürnt und – liebt; ich denke
Wort zu halten einer Toten.

22 Wenn der Ginster blüht am Raine,
Wenn die Rose glüht im Garten,
Wird ein Frankenmädchen lächeln,
Doch in Tränen. – Kannst du warten?

23 Wüsst' ich mehr, ich sagt' es gerne;
All dein Leid, dein stummes Flehen
Rührt mich tief; nur Frauenherzen
Können Frauenharm verstehen. –

24 Sterne steigen, Sterne sinken:
Unsre sind im Niedergange. –
Brach der Wolf die Zauberkette,
Stieg ans Land die Meeresschlange?

25 Hat der Kampf im Wigridfelde,
Den die Wala singt, begonnen?
Stille Jungfrau'n, ihr nur wisst es,
Die ihr sitzt am Zeitenbronnen.

26 Öde war es längst, noch öder
Wird es hier im hohlen Steine,
Eh die Rose glüht im Garten.
Eh der Ginster blüht am Raine.

27 Einsam machen Not und Alter,
Guttat mehr noch als die beiden;
Dank ist Last: der träge Schuldner
Liebt, den Gläubiger zu meiden.

28 Einsam ward ich! Übel passen
Reiseschuh' zu grauen Haaren:
Dennoch mit dem einzig Treuen,
Meinem Hunde, muss ich fahren.

29 Jede Gunst, sogar die letzte,
Bleibt nach Mühsal und Beschwerde
Mir versagt, die allerärmste:
Schlaf im Schoß der Heimaterde.

30 Weine nicht! – Du magst ihn grüßen,
Den du meinst; mit nassen Locken
Wird er dir entgegentreten:
Meine Zöpfe bleiben trocken! –

31 Komm, ich führe dich; der Wildbach
Sperrt den Weg mit Block und Schrunde,
Und die Augen meiner Wächter
Seh' ich glühn im finstern Grunde."

XXI. Abt Warin

1 Im Konvent zu Dreizehnlinden
Saß der Abt in stiller Zelle,
Blätter auf dem Eichentische,
Rollen auf dem Buchgestelle.

2 Emsig schrieb er Zahl zu Zahlen,
Manche Reihe frommer Spenden,
Zugewandt dem Gotteshause
Nah und fern von milden Händen:

3 „Brunicho von sieben Hufen
In der Mark zu Wulfhardseichen
Jährlich vierzehn Scheffel Roggen;
Digg von Düsterloh desgleichen.

4 Merke wohl, die Bringer werden
Gut in Brot und Bier gehalten
An der Herdstatt, doch der Rosse
Hat ein jeder selbst zu walten.

5 Ferner: Fridemar von Rohrbeck
Pfingsten dreizehn Pfund Forellen;
Item einen Korb voll Binsen
Zum Bestreun der Klosterzellen.

6 Guntram von zweihundert Jochen
Auf dem Brink zur scharfen Ecke
Petritag sechs Malter Gerste;
Ado fährt und leiht die Säcke.

7 Dann vom Hof zu Aldanthorpe
Asmar jährlich zwölf Denare,
Eine Tonne Salz und einen
Feisten Hirsch im andern Jahre;

8 Item einen Lederhandschuh
In den zwölf geweihten Nächten
Für den Abbas; wechselweise
Einen linken, einen rechten.

9 Weiter: Sigiburg, die Witib,
Statt des Zinses von dem Viehe
Thomä einen Weizenkuchen,
Der ihr reicht vom Fuß zum Knie.

10 Ansfried für den Neubruchzehnten
Zu Sankt Veit drei fette Schafe;
Meginhard, der Schmied, ist Zeuge;
Bei Versäumnis eins als Strafe.

11 Hathugrim vom Donnerberge
Einen Hahn und dreizehn Hühner
Für die Ruhe seines Vaters
Markulf, der ein Götzendiener.

12 Dodiko vom Eberbronnen
Einen Pelz von Lämmerfellen
Jedes neunte Jahr; daneben
Grauer Leinwand zwanzig Ellen;

13 Item neunzehn Bogenschützen
Für die Not, und einen Reiter.
Ferner: – doch genug! Ich schreibe
Morgen das Registrum weiter." –

14 Im Konvent zu Dreizehnlinden
Saß der Abt in stiller Zelle;
O wie klang vom Lindenaste
Heut der Drosselschlag so helle!

15 Denn der Winter war vergangen,
Wilder Wald und Garten blühte;
O wie sang dem alten Manne
Heut die Drossel ins Gemüte!

16 Hoffnung? Ihre Laubgewinde,
Träumerische Blumenglocken,
Flattern nicht um graue Scheitel,
Gaukeln nur um blonde Locken.

17 Hoffnung nicht! Der Vielgetäuschte
Lernt' Entsagung mit den Jahren,
Doch es blieb ihm ein Erinnern
An die Frühlinge, die waren.

18 O, ein freudiges Erinnern
An der Jugend heitre Lenze
Weit im Süd, und all die reichen
Speererrungnen Siegeskränze.

19 Einst, – am Ebro war's; – wie Geier
Schwärmten rings die Mohrenmänner;
Ruhig, wie aus Erz gegossen,
Hielt die Schar der Kreuzbekenner.

20 Zweikampf heischend schwang der Emir
Hoch den Stahl im Feuerkreise
Und – da pocht es; sich verneigend
Stand der Sachse vor dem Greise.

21 „Würd'ger Abt, die Lerche schmettert,
Flur und Hain begann zu sprießen;
Scheiden muss ich; Eures Brotes
Darf ich länger nicht genießen.

22 Was Ihr Holdes an mir tatet,
Lohn' Euch Euer Herz und jener,
Der den Sohn des Hauptmanns heilte,
Euer Gott, der Nazarener.

23 Gunst und Güte zu vergelten,
Wie geläng' es einem Gaste,
Arm wie ich, arm wie die Krähe
Auf dem winterkahlen Aste!

24 Nehmt denn, was mir blieb, des Mundes
Kargen Dank statt jedes andern;
Eins noch; Euer Tun, ich hätt' es
Euch getan; – nun lasst mich wandern!

25 Fahren muss ich fremde Straßen,
Sorgenvoll auf dunkler Reise,
Ob ein Gott durch Traum und Angang
Mir den Pfad im Irrsal weise."

26 Und dem Abt die Rechte bietend,
Weint' er laut, zum ersten Male,
Seit er an dem Sarg der Mutter
Einsam stand im öden Saale.

27 Doch der Abt, mit beiden Händen
Hielt er ihn: „Wie hast du Eile!
Straßen gibt es, hundert Straßen,
Und nur eine führt zum Heile.

28 Sprich, wohin?" – „Ich weiß im Norden
Einen Mann, im Land der Friesen,
Der in ernsten hohen Dingen
Einst den Knaben unterwiesen.

29 Fragen will ich –" „Frag den Blinden
Nach des Weges Richt' und Krümme!
Elmar, frag dich selber: Redet
Dir im Herzen keine Stimme?" –

30 „O, ich dachte –" „O, du dachtest,
O, du suchtest mit der Binde!
Jugend meint, und ihre Meinung
Ist wie Dünensand im Winde.

31 Deiner Wünsche stetes Wechseln,
Deiner Sorge ew'ges Schwanken,
All dein Hoffen und Verzweifeln,
Elmar, nennst du das Gedanken?

32 Was du willst, das willst du nimmer,
Was du fliehst, begehrst du eben;
Tief, wie eine Todeswunde,
Geht ein Zwiespalt durch dein Leben.

33 Hülf' es, dich auf Hof und Hufe,
Wie du warst, zurückzuführen?
Du verlörest im Gewinnen,
Noch gewännst du im Verlieren.

34 Was dich kränkt und heilt, ich weiß es
Besser als der Mann im Norden:
Elmar, sei ein Christ! Im Geiste
Bist du längst ein Christ geworden."

35 „Ich ein Christ?" – „Seit Sorg' und Kummer
Deine düstern Schlafgenossen!
Elmar, wer da sucht, der findet,
Wer da klopft, dem wird erschlossen.

36 Arme Menschen, hin und wieder
Tun sie recht im besten Falle;
Reicher Gott, in ew'ger Liebe
Hält und hegt er dich und alle.

37 Rief er dich? Wie oft! – Sein Rufen
Übertäubten Wind und Welle;
Endlich kam er selbst, er selber
Führte dich zur Klosterzelle.

38 Wund und siech! Die Wunde heilte,
Und vom Siechtum fast genesen,
Zweifelst du, weil du so lange,
Allzu lange siech gewesen." –

39 Sprachlos stand der junge Sachse,
Starr sein Blick und schlaff die Glieder;
Plötzlich, wie vom Blitz getroffen,
Vor dem Greise sank er nieder.

40 Jammer in den nassen Augen
Lag er flehend auf den Knien,
Und die Hände faltend, sprach er:
„Segne mich – und lass mich fliehen!"

41 „Sei gesegnet, wilder Knabe,
Doch du darfst nicht von uns scheiden!
Komm, wir gehn zum Pater Prior,
Er ist klug und rät uns beiden;

42 Klug und fromm; die Bücher alle
Sind ihm kund; von einem Helden,
Der geritten nach Damaskus,
Wird er Sturz und Sieg dir melden."

XXII. Im Klosterchor

1 Hell im Chor der Klosterkirche
Flammten weiße Opferkerzen:
Heller brannten, heißer glühten
Opferfrohe Menschenherzen.

2 Auf dem Altar frische Sträuße:
Heiliger und reiner blühte
Ros' und Lilie in der Beter
Stillandächtigem Gemüte.

3 Elmar kniete vor den Staffeln
Im Gewand von weißem Linnen,
Sanft gebückt, geschlossnen Auges,
Wie versenkt in sel'ges Sinnen;

4 Auf dem Antlitz Fried' und Freude,
Zartes Rot auf Kinn und Wangen,
Gleich als sei ein heil'ges Feuer
Warm im Herzen aufgegangen.

5 Und ein Strahl der Frühlingssonne
Glitt hinein mit goldnem Glanze
Und umwob des Jünglings Locken
Wie mit einem Glorienkranze.

6 Denn er siegte, und soeben,
Von des Abtes Hand ergossen,
Hatte das geweihte Wasser
Gnadenreich sein Haupt umflossen,

7 Dank dem Prior, der dem Ringer
Erst ein Helfer war und Rater,
Jetzt des Überwinders Zeuge,
Jetzt im Geist sein zweiter Vater.

8 Beide knieten ihm zur Seite,
Markward und Warin, die Greise;
Dankgebete, Segenswünsche
Flüsterten die Lippen leise.

9 Rechts und links die frommen Mönche
Auf den dunkeln Eichenbänken
In Betrachtung; mancher mochte
Eigner Kämpfe still gedenken.

10 Sigeward, dem Sänger, tropften
In den Bart viel heiße Zähren,
Und der gute Beda konnte
Kaum des Schluchzens sich erwehren.

11 Langes Schweigen; und ins Fenster
Nickten Blatt und Blütenflocken,
Und die warmen Sonnenlichter
Spielten um des Jünglings Locken;

12 Und die Sträuße auf dem Altar
Hauchten ihre Opferdüfte;
Und der Andacht Blumenkelche
Strebten in die Himmelslüfte;

13 Und die Weserwelle rauschte,
Und ein Bussard rief vom Walde
Einsam über Tannenwipfeln:
„Junger Weidmann, kommst du balde?"

14 Und der Fink im Garten lockte:
„O wie ist die Welt so sonnig,
Und das Wiegen und das Fliegen
In der Luft, wie ist es wonnig!"

15 Lockt und ladet nur, ihr Rufer,
Wiegt euch nur, ihr Lüfteschwimmer:
Den ihr meint, er will nicht kommen,
Den ihr ruft, er hört euch nimmer. –

16 Dann, sich mühevoll erhebend,
Sprach der Abt von Dreizehnlinden:
„Selig sind, die Leid getragen,
Denn sie werden Tröstung finden!

17 Sei willkommen! – Elmar, endlich
Stehst du an den Altarstufen
Deines Gottes, der durch Schmerzen
Längst dich liebevoll gerufen.

18 Wohl durch Schmerzen! Eines Neidings
Arge List, Verrat der Feigen,
Bann und Schmach und schweres Siechtum
Mochten tief das Haupt dir beugen.

19 Und du kamst! – Um Gut und Ehre?
Kamst, um Eine zu gewinnen,
Die du seit der Kindheit Tagen
Heimlich trugst in treuen Sinnen?

20 O du kamst, um deiner Seele
Eine Ruhstatt zu erringen,
Die du fandest; dem Aufricht'gen
Lässt es Gott der Herr gelingen.

21 Fandest du durch Lehr' und Leitung,
Du aus dir des Heiles Pfade?
Durch Gebet für dich? – Das alles
Frommt, doch rettet Gottes Gnade.

22 Ihm der Dank, und aufwärts richte
Deine Augen mit Vertrauen:
Selig sind, die reinen Herzens,
Denn sie werden Gott anschauen!"

23 Elmar sprach: „Das neue Leben
Ging mir auf, das vielersehnte:
Der Verstürmte kam zum Hafen,
Als er zu versinken wähnte.

24 Was er zu erjagen suchte,
Ruhelos in schweren Stunden,
Ruhelos in Hass und Fehde,
Hat er endlich hier gefunden.

25 Den Vergessnen, Hoffnungslosen,
Duldet ihn, ihr guten Väter,
Heißt er auch ein vogelfreier
Landesflüchtiger Verräter!

26 Duldet ihn, er dient euch gerne,
Und, so ihr ihn wert erachtet,
Prüft und nehmt in eure Mitte
Einen, der nach Einkehr schmachtet;

27 Denn er hat nach Wahn und Wirrsal
Viel zu danken, viel zu sühnen;
All die Schuld bezahlt' er nimmer,
Dürft' er all sein Leben dienen."

28 Sprach der Prior: „Du musst harren:
Gott wird raten; sei nur stille!
Kennst du dich? In jungen Herzen
Frühlingsschnee ist Wunsch und Wille.

29 Jedem taugt es nicht, gesondert
Vom Gewühl der Welt, der argen,
Stumm in öder Klosterzelle
Sich lebendig einzusargen.

30 Dienen? Wohl! Zum Dienst bedarf es
Hier der Beter, dort der Streiter;
Weißt du, was du sollst? Die Gnade,
Die dich führte, führt dich weiter.

31 Harre nur!" – Des Jünglings Auge
Sank, es glühten Stirn und Wangen;
Pater Ivo seufzte leise,
Und die schwarzen Mönche sangen:

32 „Auf der Heid' ein Wolkenschatten
Fährt dahin das Menschenleben:
Zittert! In des Lebens Mitte
Sind vom Tode wir umgeben.

33 Und der Tod, der grimme Schütze,
Hehlings ohne Köcherklirren
Tritt er an, und unaufhaltsam
Pfeil auf Pfeile lässt er schwirren,

34 Bleicher Jäger; was da atmet,
Königsleute, Bettelleute,
Alle Riesen, alle Krüppel,
Alle sind sie seine Beute.

35 Und er bläst sein Horn; so traurig
Ist der Hall, so seltsam eigen:
All die Krüppel, all die Riesen,
Alles Fleisch muss an den Reigen.

36 Und er bläst sein Horn, und alle
Müssen an den Tanz sie treten,
Ob sie lachen oder weinen,
Ob sie fluchen oder beten.

37 Niederwärts! Die Linnen flattern;
Niederwärts! Geschrei und Klage;
Denn das große Buch liegt offen,
Und der Richter hält die Waage. –

38 Alleluja! Wohl dem Tapfern,
Der gerungen nach Erkenntnis
Und, ob hart geprüft, doch siegreich
Drang zu seines Heils Verständnis.

39 Alleluja! Wohl dem Waller,
Der bergan mit wundem Fuße
Schritt in Tränen, nicht des Schmerzes,
Nein, in Tränen bittrer Buße;

40 Der im Kampf mit rauern Feinden,
Als mit Schwertern dräun, geworben,
Der bezwungen Gier und Gären
Und, bevor er starb, gestorben. –

41 Zittert! In des Lebens Mitte
Sind vom Tode wir umgeben:
Auf der Heid' ein Wolkenschatten
Fährt dahin das Menschenleben!"

XXIII. Die wilde Katze

1.

1 Auf dem Hof zu Bodinkthorpe
Ward gemauert und gezimmert;
Einsam an der breiten Linde
Saß der Graf gebeugt, bekümmert.

2 Und der Frühlingsgruß der Schwalbe
Klang wie vorwurfsvolle Klage:
Übel hast du, Wirt, erwogen,
Was ich riet am Scheidetage.

3 Und ich kann nicht bei dir bleiben;
Was ich riet, erwogst du übel:
Sieh, dein Haus ist wüst geworden,
Und gesunken ist dein Giebel.

4 Gastlich war mir diese Stelle,
Und ich traure, wenn ich wandre;
Ist mir leid, du alter Droste,
Ist mir leid um dich und andre.

5 Baue nur; nicht dir! – Dich selber
Schlugest du mit hartem Schlage:
Übel hast du, Wirt, erwogen,
Was ich riet am Scheidetage." –

6 Gramvoll horchend saß der Alte,
Immer bleicher, immer trüber;
Unversehens stand der braune
Schmiedebub' ihm gegenüber.

7 Schalkhaft lächelnd, wie verlegen,
Zupft' er bald am Gurtgebinde,
Bald am Wams und zog und bog sich
Wie ein Birkenreis im Winde.

8 Rief der Graf: „Was willst du, Knabe?"
„Euretwegen sozusagen
Kam ich hier, doch war's nicht nötig,
Mich so barsch und laut zu fragen.

9 Ohnehin vor großen Herren
Fällt mir schwer die rechte Rede,
Denn ich bin ein armer Junge
Von Natur – und etwas blöde.

10 Schwarzer Graf und wilde Katze
Nennt uns zwei die Lästerzunge,
Seid Ihr gleich von grauen Haaren,
Und ich bin ein armer Junge;

11 Eggi, Herr, bei Fulk, dem Schmiede, –
Harter Dienst und schmales Futter, –
Eine Waise, will bedeuten
Vaterlos und ohne Mutter.

12 Und von wo? Die Bernsteinküste
Kennt Ihr ja; sie liegt am Meere;
Und das Edelglas, dort wächst es
Wild wie hier die Heidelbeere.

13 Montag war's; ein fremder Jude
Kaufte mich, mich zu verkaufen;
Und am Dienstag in der Frühe
Bin ich ihm davongelaufen."

14 „Bub', du lügst!" – „Ich glaub' es selber.
Logt Ihr nie? Könnt Ihr's beeiden?
Unschwer ist es klugem Manne,
Schimpf und Ernst zu unterscheiden."

15 Drauf der Graf: „Mit schalen Witzen
Magst du andre lustig machen;
Geh, ich bin nicht in der Laune,
Deine Possen zu belachen!"

16 „Possen? Ei! Nicht in der Laune?
Künden wollt' ich, wie ich pflege,
Wahrheit; doch Ihr lauscht der Lüge,
Ihr, der Graf; – so denkt, ich löge.

17 Was ich Euch zu melden habe,
Ist ein Märlein ernst und heiter:
Von dem Herrn vom Habichtshofe,
Seinen Gänsen – und so weiter.

18 Fahrt nicht auf! Ich bin gekommen
Sozusagen Euretwillen;
Eigentlich um eine andre,
Die sich grämt und härmt im Stillen;

19 Eine, die vergeht und lächelt,
Wund zum Tod und krank zum Sterben:
Auch ein Winterwams kann reichen,
Armer Leute Gunst zu werben.

20 Schwarzer Graf –" „Verwegner Kobold,
Bist du toll? Du magst dich scheren!"
„Wenn ich spreche, Euer Gnaden,
Täten gut, mich anzuhören,

21 Dass es, wie es ging, nicht gehe,
Als Ihr hörtet und nicht hörtet
Und durch Hören und Nichthören
Recht in Unrecht arg verkehrtet.

22 Denn ich spreche von dem Falken,
Den ein Neiding falsch bezichtet,
Den Feiglinge falsch verlassen
Und ein Schwächling falsch gerichtet.

23 Gärt Ihr auf? – Mir ist nicht bange,
Mögt Ihr gleich die Augen rollen:
Ich, im Land der ärmste Bube,
Weiß, was alle wissen sollen.

24 Falsch gerichtet! Hat der Falke
Euch geschwelt aus Eurem Saale?
Pfui, o pfui, Herr Graf: So Niedres
Konnte Grimbart nur, der kahle!

25 Und ich sah's mit meinen Augen,
Denn, begreiflich, hier und dorten
Hab' ich vielerlei Geschäfte
Tag und Nacht an vielen Orten.

26 Fragt den Alten! Auf den Binsen
Keicht er sterbend; er ist mürbe:
Schade wär's für Euren Himmel,
Wenn er sonder Beichte stürbe!

27 Fragt ihn selber: Kleine Zeugen
Brauchen, wenn sie Unbill rügen,
Einen Zeugen, doch den großen
Glaubt Ihr gern, auch wenn sie lügen;

28 Lügen wie der Königsbote,
Als er log, ihn hab' im Berge
Meuchlings angerannt der Falke,
Was er jenem tat, der Scherge.

29 Und ich sah's! Und fragt den Kahlen,
Fragt ihn, wer ihn angestiftet,
Saft und Salbe zu bereiten,
Die ein Mordgeschoss vergiftet.

30 Was ich sah, die wilde Katze
Sah es auch; wir sahn es beide:
Morgen wird's im Gau gesungen,
Euch zum Lob' und Rab zum Leide.

31 Denn ich hab' ein saubres Liedlein
Drauf gesetzt zu Euern Ehren
Und im Kehrreim einen Kuckuck
Angebracht, ist fein zu hören. –

32 Sonderbar, auch um sein Beten
Banntet Ihr den frevlen Sachsen:
Recht; in Euerm Glaubensgarten
Darf kein heidnisch Unkraut wachsen!

33 Wollt Ihr reuten, gründlich reuten,
Mäht wie auf den Allerwiesen:
Halbe Heiden, ganze Heiden
Sind sie, bis auf den und diesen;

34 Bis auf mich und andre Fromme,
Ob sie gleich ihr Kreuzlein schlagen,
Ob sie gleich zur Klosterküche
Mit Geknirsch ihr Zinshuhn tragen. –

35 Und der Falk? Es wird Euch freuen,
Endlich wird er klug durch Schaden:
Im Konvent zu Dreizehnlinden
Ließ er sich den Scheitel baden."

36 Drauf der Graf: „Dir sollt ich glauben,
Dir, du unverschämter Range?
Wenn du wusstest, was du schwatzest,
Warum schwiegst du denn so lange?"

37 Sprach der Braune: „Dumme Bracken
Klaffen stets mit viel Gebelle,
Stets zur Unzeit; ein gescheiter
Wird nur laut an rechter Stelle.

38 Überdies ist jemand klüger,
Als wir beide je gewesen,
Und versteht, vom Runenstabe
Tag und Tagewerk zu lesen.

39 Plaudern sollt' ich? Wem zuliebe?
Euch? Wofür? Dem Junker? Freilich,
Für die ungeheuren Prügel,
Die er, – o es war abscheulich!

40 Hört! Nichts Gutes auszurichten,
Streift' ich einmal in den Gründen,
Und vom Habichtshof die Gänse,
Mir zum Unheil, musst' ich finden.

41 Einzeln hascht' ich sie am Zaune,
Und mit losem Knabenwitze
Klemmt' ich ihnen fingerlange
Stäbchen in die Schnabelspitze.

42 Herr, vergnüglich war's zu sehen,
Wie sie schief die Köpfe hielten,
Aufwärts mit dem einen Auge,
Abwärts mit dem andern schielten.

43 Und ich lachte, doch nicht lange;
Elmar kam, und Zorn im Blicke
Fuhr er jählings mit der harten
Eisenfaust mir ins Genicke.

44 Schütz' Euch Gott vor seinen Augen,
Schütz' Euch Gott vor seiner Tatze!
Nicht gestreichelt, nein, gestrichen
Hat er da mich arme Katze.

45 Dumme Streiche, Rutenstreiche
Mögen sich zusammen schicken;
Solche gab es nicht, solang es
Birken gab und Bubenrücken!

46 Herr, solange Stöcke wuchsen,
Gab es niemals solche Hiebe;
Weiß nicht, ob sie Gutes stiften,
Doch sie stiften keine Liebe.

47 Traf ich wo den grimmen Häscher
Auf der Flur, im Waldgehege, –
Jedermann hat seine Gänge, –
Glitt ich sacht ihm aus dem Wege.

48 Und ich hass' ihn noch; zur Strafe
Mög' er, was er trägt, ertragen:
Sprach ich heute, war es einzig
Euretwillen sozusagen."

49 Drauf der Graf mit heisrer Stimme:
„Dein Gespinst von Trug und Tücken
Ist zu grob; hab acht, es gibt noch
Birkenholz für Bubenrücken!"

50 Schrie der Knabe: „Das die Antwort?
Das? Dann Schmach auf Eure Glatze,
Feiler Richter! Hört, ich sag' es,
Hört, sie sagt's, die wilde Katze!"

51 Keichend rief der Greis: „Du Natter,
Schweig und heb dich um die Ecke,
Sonst, bei Gott, mit meinem Fuße
Schleudr' ich dich in jene Blöcke!"

52 „Schleudern? Schleudert doch! Ein Klößlein
Erde klebt an Eurer Zehe,
Nein, ein Kloß, der Euch zum Halse
Wächst, derweil ich ihn besehe;

53 Euch zur Kehle! Viele Tage
Habt Ihr nicht, um zu besorgen,
Was Ihr müsst; gedenkt des Falken
Heute noch und helft ihm morgen!

54 Guter Rat ist manchmal teuer,
Meinen sollt Ihr billig haben:
Bringt der Dame Hildegunde
Diesen Strauß – und lasst mich traben!

55 Knospen nur; sie wird verstehen,
Was sie wollen, was ich meine,
Wenn die Rose glüht im Garten,
Wenn der Ginster blüht am Raine."

56 Über Zimmerholz und Planken
Schwang er sich mit leichtem Satze
Lachend in den Wald; im Walde
Dreimal schrie die wilde Katze.

2.

57 Am Kamin des Eschenburgers
Saßen zwei, die düster schwiegen;
Auf dem Steingesimse dampfte
Ingwermet in blauen Krügen.

58 Rab, der alte, schob mit Eifer
Buchenblöcke in die Brände,
Denn die Morgenfrische hauchte
Schneidig kalt durchs Berggelände.

59 Und der Graf, der Bodinkthorper,
Wischte fleißig Wang' und Auge:
Trieb ihm nur der scharfe Frühritt
Ins Gesicht so herbe Lauge?

60 Also eine finstre Weile
Tränentrocknen, Scheiterschieben,
Und das Feuer sang und zischte,
Und der Met war stehn geblieben.

61 Endlich griff der Eschenburger
Einen ungeheuren Kloben,
Warf ihn grimmig in die Gluten,
Dass zum Dach die Funken stoben.

62 „Gräuel!", rief er; „ein Verbrechen
Ward verübt von Rechtes wegen!" –
„Sagt: ein Irrtum, schwerer Irrtum!",
Sprach der andre dumpf dagegen.

63 Wieder Stille, lange Stille,
Und die Kohlen knirrten leise;
Zornig dieser, traurig jener,
Stierten in die Glut die Greise,

64 Bis der edle Eschenburger
Hastig sprang vom Eichenstuhle:
„Irrtum, sagt Ihr? – Teufelstücke,
Ausgedacht am Höllenpfuhle

65 Und vollführt von einem Schurken,
Gott sei Lob, von einem Franken,
Eurem Gast, der Euch so niedrig
Hielt, dem Wirt mit Schmach zu danken!

66 Irrtum? – Missverstandne Wahrheit,
Menschlich Fehlen lass' ich gelten:
Dass so offenbare Lüge
Ihr verkannt, das muss ich schelten.

67 Bei Frau Harkes breitem Daumen!
Seit ein Sachsenweib gesponnen,
Ward ein Truggewirk wie dieses
Hier im Land nicht ausgesonnen:

68 Bosheit schuf den dunkeln Zettel,
Rachelust war Spulenwinder,
Feigheit trug herbei den Einschlag,
Und am Webstuhl saß ein Blinder.

69 Ward ein Schandkleid draus geschnitten,
Das um Eure Schultern flattert,
Nicht des Falken, die Euch trugen,
Als die Brände Euch umknattert.

70 Mancher will sein Tun von gestern
Heut auf fremde Rechnung schreiben:
Euer war der Spruch; Ihr sprachet,
Um des Kaisers Freund zu bleiben.

71 Wollt Ihr jetzt die Hände waschen,
Halt' ein andrer Euch das Becken,
Nicht der Rab, der riet und warnte,
Euch nicht ruchlos zu beflecken."

72 Drauf der Graf: „Ich sagt' Euch alles!
Leid erfuhr ich viel auf Erden:
Diese Wunde brennt im Herzen,
Und sie wird mir tödlich werden.

73 Wühlt nicht, rauer Arzt! Schafft Hilfe,
Nicht für mich, doch helft erwägen,
Wie dem andern, falls ein Unrecht
Ihm geschah, wir helfen mögen.

74 Zwar zu traun dem Schelm, dem Buben –"
„Wie bedenklich, – ich erstaune!
Reine Wahrheit sprach der Gelbe,
Doch ein Lügner ist der Braune!

75 Und der Kahlkopf war geständig,
Frei geständig?" – „Er bekannte,
Blau vor Angst mit Zähneknirschen,
Dass er mir den Saal verbrannte;

76 Dass er für den Königsboten
Ein Gemisch aus dunkelm Kraute,
Stumm gerupft in sieben Nächten,
Eisen zu vergiften, braute.

77 Und mit Wehgeheul sich krümmend,
Trotzig ringend um sein Leben,
Wie der Wolf am Spieß, so starb er;
Mag ihm Gott, wie ich, vergeben!"

78 Rab darauf: „Er war ein Schleicher,
Und ich traut' ihm nie, dem Schalken.
Doch der Abt von Dreizehnlinden,
Sprecht, was schrieb er von dem Falken?"

79 „Dass er in des Klosters Frieden
Raues Siechtum durchgelitten,
Endlos, bis durch Gottes Gnade
Seel' und Leib den Sieg erstritten;

80 Dass am Kreuz des Kreuzes Hasser
Betend kniet. Die Botschaft weiter
Trug zu Badurad, dem Bischof,
Gestern schon ein flinker Reiter." –

81 „So? – Und neigt' er sich der Taufe,
War's die freie Tat des Freien,
Nicht die Meintat eines Heuchlers,
Königschristlich zu gedeihen.

82 Königschristlich zu gedeihen,
Mögen Schalk und Schelm sich neigen:
Bog der Falk die stolze Stirne,
War's, um sich vor Gott zu beugen;

83 Schalk und Schelm, die klugen Leute,
Die nicht erst zu glauben brauchen,
Um kopfüber, wie der Otter,
In das Christenbad zu tauchen.

84 Pfui der Welt!" – Der Graf dagegen:
„Werter Freund, was frommt das Schelten?
Gebt mir Rat: Wie ist zu sühnen,
Wenn wir schiefes Urteil fällten!

85 Wenn im Kampfe mit uns selber
Und im Widerstreit der Pflichten
Schweren Herzens –" Grimmig lachend
Fuhr der andre drein: „Mitnichten!

86 Gebt dem Kaiser, was des Kaisers,
Gott, was Gottes, steht geschrieben!
Liebt den Kaiser, doch ein wenig
Dürft Ihr auch Euch selber lieben,

87 Euch und Eure arme Seele!
In des Zweifels Finsternissen
Spricht am sichersten und klarsten
Das Gesetzbuch im Gewissen.

88 Schlugt Ihr's auf? Sagt Ja! Mich jammert
All das Wenden und das Winden:
Tat ist Tat; doch lasst uns sehen,
Wie wir Heil und Hilfe finden.

89 Spracht Ihr Recht in Königs Namen –
Auf die Inzicht eines Laffen –,
Mag allein das Wort des Königs
Widerruf und Wandel schaffen.

90 Drum zur Pfalz! – Und schickt mit Eurem
Brief des Abtes Brief und Briefe
An die Hofherrn, denn die Hofherrn
Sind die Herrn der Höh' und Tiefe.

91 Und ich reise selbst und halte
Erste Rast am Quell der Pader;
Hold entgegen schlägt dem Blute
Wohl die blutsverwandte Ader;

92 Und der Bischof schreibt dem Bischof
Kluge Grüße wohlbedächtig:
Wie zum Binden so zum Lösen
Sind die Infulträger mächtig. –

93 Ei, der Met ist kalt geworden!
Seid getrost und lasst mich sorgen:
Rasch gerüstet sind die Rosse,
Und, so Gott will, reit' ich morgen."

94 Als der nächsten Frühe Strahlen
Durch die Eschenwipfel brachen,
War der Alte auf dem Wege
Zu der Königspfalz in Aachen.

XXIV. Heimkehr

1.

1 Und die Frühlingswetter waren
Längst verhallt, die grünen Wogen
Und der Staub des Roggenfeldes
Längst verweht und längst verflogen.

2 Schatten suchten Hirt und Herde;
Auf des Ackers Ährenfülle,
Auf dem Blättermeer des Waldes
Ruhte sommerliche Stille.

3 Nur das Heimchen sang im Grase
Und der Bach durch Schilf und Steine,
Und die Rose glüht' im Garten,
Und der Ginster blüht' am Raine.

4 Und vorbei an Rain und Garten
Und hinunter Bach und Wiese
Ritt ein Trupp von Sachsenmännern,
Mancher Stumpf und mancher Riese.

5 Diethelm sprach: „Dort liegt das Kloster,
Edler Rab, wir sind zur Stelle,
Unsre Tiere, müd und durstig,
Wittern schon die Weserwelle." –

6 In das Tor von Dreizehnlinden
Zogen ein die muntern Knappen,
Habichtshöfer, grüne Sträuße
Nickten an den Lederkappen.

7 Allen vor der Eschenburger!
Ei, wie war sein Blick so heiter,
Ei, wie ließ den Normann tanzen
Jugendfrisch der graue Reiter!

8 Herzlich grüßten Abt und Prior
Nach Gebühr die Gäste alle;
Rab und Diethelm folgten beiden
In des Remters kühle Halle.

9 Sprach der greise Eschenburger,
Nickend mit vergnügter Miene:
„Prüft, ihr Herrn, ob, was ich bringe,
Nicht ein Botenbrot verdiene?

10 Doch zuvörderst ruft den Falken,
Denn, was ich zu melden habe,
Zielt auf ihn zumeist; nicht immer
Unheil krächzt der alte Rabe." –

11 Elmar trat herein und stutzte,
Freudig halb und halb verlegen;
Diethelm, Tränen in den Augen,
Stürzte jubelnd ihm entgegen:

12 „O du bist es! O wie lange –"
Rab dazwischen: „Immer kühle,
Hausverwalter; heut Geschäfte,
Morgen Schwatz und Zartgefühle!

13 Elmar, hier die Hand, mein Knabe!
Deine Unschuld ward erwiesen;
Wie? – Das später; jetzt das eine:
Du bist frei; Gott sei gepriesen!"

14 „Himmelsmächte", rief der Falke,
„Frei der Acht und los des Bannes?
Frei, ich frei?" Und schluchzend sank er
An die Brust des treuen Mannes.

15 Rab darauf: „Ich ritt nach Aachen;
Ludwig, so gerecht als gnädig,
Hörte mich, und unverzüglich
Sprach er aller Schuld dich ledig.

16 Hier sein Brief mit Hand und Siegel
Stellt dich in Besitz und Ehren
Sonder Last – bis auf den Zehnten,
Den die Klosterherrn begehren."

17 Lächelnd sprach der Abt: „Die Garbe
Macht die Heiligen Euch huldig,
Dass Ihr nicht im Himmelreiche
Braucht zu stehn; drum zahlt geduldig!"

18 Dann der Prior: „Habt Ihr Kunde,
Wie dem Falschen es ergangen,
Gero, seit die kecken Weiber
Schimpflich aus dem Gau ihn sangen?"

19 Rab darauf: „Er kroch ins Dunkle
An der Maas auf seinen Kotten;
Käm' er zu der Pfalz, ihn würden
Knecht und Küchenmagd verspotten."

20 Diethelm sprach: „Wohl spürt er wenig
Lust, zu uns zurückzukehren,
Schlecht erbaut von Katlas Weise,
Ungenetzt den Bart zu scheren."

21 Sagte Rab: „Der fromme König
Zürnt ihm schwer, und ein Verbrechen,
Ausgeübt auf Königsnamen,
Will er unnachsichtig rächen.

22 Euch, Ihr Vater, weil Ihr Holdes
Tatet, wo durch einen Argen,
Seinen Sendling, Leid geschehen,
Mag sein Königsdank nicht kargen.

23 Wie er gütig Euch bedachte,
Wird dies Schreiben Euch besagen:
Säumt nicht, würd'ger Abt, die Schenkung
Ins Registrum einzutragen!"

24 Sprach Warin: „Mag Gott ihm lohnen!
Unser Tun war unser Müssen;
Tröstlich ist es, diese Zellen
In des Herrschers Huld zu wissen."

25 Rab fuhr fort: „Des heil'gen Vitus
Ird'sche Reste ließ er fassen
Reich in Gold; ein köstlich Heiltum,
Und Ihr dürft es holen lassen."

26 Drauf der Abt sich tief verneigend:
„Glimpf und Gunst sind starke Stützen,
Doch wie Felsen unsre Mauern,
Wenn die Heiligen sie schützen."

27 Sagte Rab: „Gedenkt der Boten!
Aber, Falk, du schweigst, mein Junge?
Auf der Dingstatt Sturm und Wetter,
Heute ohne Lung' und Zunge?

28 Still, wir kennen uns! – Nun weiter:
War bei Hofe ein Geraune,
Dies und jenes; doch bei Hofe
Gehn und kommen Lust und Laune.

29 Zwar von Bodo, unserm Grafen,
Sprach man Gutes viel und Schönes,
Doch verstimmt und unzufrieden
Sei man über dies und jenes:

30 Müder Mann, der siebzig Jahre
Durch die schlimme Welt gegangen,
Dürfe nach dem Ruhesessel
Hinterm Feuerherd verlangen;

31 Und ein Jüngrer, wohl ein Sachse,
Könn' auf seinem Stuhle sitzen,
Und – wem Unrecht widerfahren,
Werde Recht am besten schützen.

32 Dunkle Rede; deine Sache,
Elmar, ist es, sie zu lichten.
Nun noch dies: Von Bodinkthorpe
Hab' ich Trübes zu berichten.

33 Denn der Graf ist krank, und sehnlich
Wünscht und bangt er, dich zu sehen,
Dich und euch, ehrwürd'ge Väter,
Bald, sobald es mag geschehen.

34 Und die Tochter grüßt den Falken,
Hart bedrängt von neuen Sorgen;
Will der Abt uns Herberg gönnen
Für die Nacht, so ziehn wir morgen.

35 Und nun sagt' ich, was ich musste,
Und nun reicht mir eure Hände:
Gott sei Dank, des alten Raben
Reisefahrt nahm gutes Ende!" –

36 „Gott sei Dank, und Euch und allen",
Sagte Elmar, „die dem Wunden,
Bannbestrickten, Wahnbefangnen
Treu und stark zur Seite stunden.

37 Zwiefach habt ihr mich gerettet –"
Rab darein: „Nur keine Rührung!
Übel schickt sie sich zu meiner
Hungerregung, Durstverspürung."

38 Drauf der Abt: „Die Schüsseln dampfen,
Tretet her zu euren Plätzen!
Was der Kost an Würze mangelt,
Mag der gute Met ersetzen."

39 Und die Klosterbrüder alle
Schritten schweigsam in den Remter,
Alle grüßend; drei, die jüngsten,
Pflegten sorglich ihrer Ämter:

40 Ailrat setzte Krug und Teller,
Bernhard segnete die Spende,
Biso las, derweil man speiste,
Einen Abschnitt der Legende.

41 Sprach der Abt am Schluss des Mahles:
„Seht, wo man euch Bessres biete;
Dankt dem Herrn, der Herr ist freundlich,
Ewig währet seine Güte!" –

42 Drauf der Falk: „Mein guter Diethelm,
Graut dir nicht vor Mönch und Priester?
Deucht dir nicht, dem Ungetauften,
Klosterluft zu dick und düster?"

43 Diethelm lachte: „Falk, bedenke,
Was ich, zwar verblümterweise,
Zu dir sprach, da dich der Sänger
Schier verführt zur Nordlandsreise.

44 Als dich Menschen falsch gerichtet,
Ich und Fulk, wir beide grollten
Mit den Göttern, weil die Götter
Dir und uns nicht helfen wollten.

45 Ich und Fulk, wir sannen weiter
In den langen Winternächten
Und vermeinten, dass die armen
Wohl zu helfen nicht vermöchten.

46 Und mit Wägen, Überlegen,
Ob zu traun dem Gott der Christen,
Kamen wir zum Ziel und dachten,
Dass wir uns bedenken müssten.

47 Und wir dachten immer schärfer,
Ich und Fulk; die dümmsten Tröpfe
Sind wir nicht, und schweren Mutes
Rieben wir die greisen Köpfe.

48 Doch seitdem die alte Drude
Von uns ging, – sie war verschwunden
Wie der Wind im Wald, und nirgend
Ließ sich eine Spur erkunden;

49 Auch der Schalk, der wilde Eggi,
War davon; du kennst den Rangen;
Tags zuvor der kleinen Aiga
Gab er Gurt und Silberspangen;

50 Andern Morgens fand der Meister
Einen Armring, schwer und golden,
Auf dem Amboss, seltsam fremdes
Schmiedewerk der klugen Holden: –

51 Seit dem Tag, von uns und andern
War es wie ein Bann gewichen,
Und wir wurden Christenleute,
Eh ein halber Mond verstrichen;

52 Godo gar, der krause Otter,
Echter Sachse, denn er weinte;
Ob vor Rührung, ob vor Ärger, –
Niemand wusste, wie er's meinte.

53 Werinhard, – die breiten Hände,
Weißt du, die so leicht sich ballten,
Er besah sie, selbst verwundert,
Als sie lernten, sich zu falten.

54 Theudebert, der rote Bauer,
War's, der sich am längsten wehrte,
Doch er kam; die grimme Katla
Starb vor Wut, als sie es hörte.

55 Und am Eschenberg ein Siedler,
Jüngst aus Fuld' im Gau der Hessen
Angelangt, ein frommer Hüne,
Hat den Taufrock uns gemessen." –

56 Markward drauf: „Ihr beiden Männer,
Du und Fulk, ihr gabt euch Mühe,
Und nach Bodinkthorpe reiten
Morgen wir in aller Frühe;

57 Und nach Bodinkthorpe reiten
Morgen wir zu guter Stunde,
Denn der Graf bedarf des Trostes
Und des Freundes Hildegunde."

2.

58 Tiefer Wald! Von Stamm zu Stamme
Wob die Dämmrung graue Fäden,
Und die Bäume und die Tiere
Wechselten geheime Reden.

59 Sprach der Gimpel: „Sehr erfreulich
Sind mir abends die Berichte,
Wohlgesetzte kluge Worte
Aus der Welt- und Waldgeschichte."

60 Sprach die Drossel: „Wenig Gutes
Hörst du heut, so nicht die Krähe
Liebes meldet von den Früchten
Ihrer höchstbeglückten Ehe."

61 Drauf die Krähe: „Danke, danke!
Meine Mädchen, meine Knaben,
Sie gedeihn und werden schwärzer
Tag für Tag, zum Neid des Raben."

62 Doch der Rabe schloss die Augen,
Wiegte seinen Kopf bedächtlich,
Stellte breiter seine Füße,
Kröpfte sich – und schwieg verächtlich.

63 Sprach der Stieglitz: „Öd und einsam
Ist es jetzt im weiten Walde,
Seit nicht mehr das Horn des Falken
Lustig klingt an grüner Halde."

64 Sprach der Reiher: „Schlecht behagte
Mir sein Blasen und sein Beizen;
Zwar dein dünnes Federwämschen
Kann den Weidmann wenig reizen."

65 Drauf die Elster: „Rab, der alte,
Ritt ins Wesertal hinunter;
Sonst so grimmig und so grämlich,
Schien er heut verjüngt und munter."

66 Drauf die Amsel: „Ihm zur Seite
Habichtshöfer, kecke Knappen,
Und der dicke Hausverwalter,
Diethelm, auf dem breiten Rappen."

67 Sprach der Dachs: „Nach Dreizehnlinden
Ging die Fahrt, ich kann's euch sagen;
Dieses weiß ich, auch noch andres,
So daselbst sich zugetragen."

68 Füchslein greinte: „Wohlehrwürden
Bruder Graurock, selbst im Kloster,
Weiß Bescheid von Klostersachen;
Still, oremus, Paternoster!

69 Und der Falk, er ließ sich taufen,
Sagten jüngst mir Wandersleute:
Dächt' ich, dass es morgen nützte,
Taufen ließ ich mich noch heute.

70 Dieses weiß ich, auch noch andres:
Diethelm auf dem fetten Fohlen,
Rab, der alte, und die Burschen
Ritten, um ihn heimzuholen."

71 Ahorn sprach: „Man raunt' im Winter,
Dass er nah am Tod gewesen
Und durch schwarze Kunst, will sagen
Durch der Mönche Kunst, genesen."

72 „Dunkle Dinge kenn' ich besser
Als ein Ahorn", sprach die Mistel;
„Half die Drude nicht, er schliefe
Unter Natterkopf und Distel."

73 Drauf der Markolf: „Staunen muss ich,
Dass sie schied vom blauen Grunde;
Als sie ging, der braune Kobold
Sprang vorauf mit ihrem Hunde."

74 Rabe sprach: „Bei ihr, einäugig,
Schritt ein felsenfarbner Kämpe,
Hünenhoch, im blauen Mantel
Und im Hut mit breiter Krempe.

75 Wer er war, befragt die Krähe,
Sie ist klug und wird ihn kennen:
Zwei von meinen Vettern gibt es,
Die sich niemals von ihm trennen."

76 Sprach der Bär: „Am Habichtshöfer,
Kommt er, werd' ich Rache nehmen,
Denn er schlug den Stolz des Waldes,
Wikbert, meinen großen Öhmen."

77 Rasch sich kugelnd, sprach der Igel:
„Statt der Rache, möcht' ich bitten,
Nehmt euch selbst in Acht: der Falke
Ist ein Mann von eignen Sitten."

78 Drauf der Wolf: „Auch meinem Volke
Tat er weh mit scharfen Streichen;
Bleibt er mir von Kleid und Kragen,
Zausen mag er meinesgleichen.

79 Iss und beiß die Nebenesser,
Ist der Grundsatz, den ich übe,
Und ich lernt' ihn bei den Menschen,
Und dort heißt er Nächstenliebe."

80 Fichte sprach: „Vom Falken rauschte
Mir der Wind, mein Spielgeselle;
Wandeln sah er ihn im Garten,
Grübeln in der Klosterzelle."

81 Sprach der Specht: „Geheime Runen
Les' ich zwischen Holz und Rinde,
Jeder liest sie nicht; ich sagte,
Dass er bald den Heimweg finde."

82 Sprach die Eiche: „Kommt er wieder,
Meine Ahne lässt er hauen,
Sie, die große, gottgeweihte,
Eine Kirche draus zu bauen."

83 Drauf der Fink: „Das Kreuz darunter
Find' ich stets im Frührotschimmer
Neu geschmückt mit frischen Blumen;
Wer sie bringt, verrat' ich nimmer."

84 Sang die Nachtigall: „Und eine,
Die ich liebe, weckt' ich immer
Mit den schönsten meiner Lieder;
Wie sie heißt, verrat' ich nimmer." –

85 Stille wurd' es; durch die Birke
Ging ein Schauern und ein Wehen
Leise, leise, wie im Traume,
Doch es war nicht zu verstehen. –

86 Und in dunkler Felsenritze
Barg der Uhu sich, der braune,
Struppig heute wie ein Dornbusch
Und verdrießlich böser Laune.

87 „Nahmst du nun das Christenwasser,
Wirrer Träumer? – Christ und Heide,
Gottesknechte, Götterknechte,
Blöde Toren sind sie beide!

88 Weiland rief der Sklavenkönig,
Kämpfend mit den Romuliden:
‚Keine Götter sind dort oben
Und deshalb kein Recht hienieden.'

89 Und deshalb zu Schutz und Trutze
Brauche jeder seine Waffen;
Und deshalb, ihr Kleingebliebnen,
Habt ihr recht, euch Recht zu schaffen.

90 Spartakus, mit Lorbeerreisern
Sei dein Denkerhaupt umwoben;
Deine Freiheitsbotschaft lautet:
‚Keine Götter sind dort oben!'

91 Glaubensballast aufzuachseln,
Sand im Sack, verdrießt den Weisen;
Mit dem leichtesten Gepäcke
Lässt am leichtesten sich reisen;

92 Mit dem leichtesten Gepäcke
Frisch und frech, am Hut die Feder;
Allererst ein lustig Leben,
Wie er sterbe, sehe jeder.

93 Glauben? Wahn und blaue Dinge!
Ich, der Uhu, glaub' ausschließlich
An mich selbst; die Selbstverehrung
Deucht mir weise, weil ersprießlich.

94 Ich, der Uhu, Oberuhu,
Ich, der Denker, seh' die Zeichen
Großer Zeit, wo meine Lehre
Siegt und herrscht in allen Reichen.

95 Wenn erst meine Essen schwelen,
Wenn erst meine Schlote rauchen,
Wald an Wald, und Erd' und Himmel
Rings in Dampf und Brodem tauchen;

96 Wenn erst meine Mühlen mahlen,
Meine Hämmer, wenn sie hämmern,
Wird die Götterdämmrung kommen
Und das Göttliche verdämmern.

97 Glauben ist das Kind der Feigheit:
Doch beherztere Geschlechter,
Düstre Zweifelshelden, werben
Um des Teufels stolze Töchter.

98 Glück zur Brut! Die Kreuzzerbrecher
Brechen auch die Königskronen,
Und der Rauch verkohlter Tempel
Wirbelt auf verbrannten Thronen.

99 Ja, das sind sie, Muspels Söhne:
Reitet zu, ihr wilden Reiter! –
Zwar der Aufschwung, den ich meine,
Liegt noch ein Jahrtausend weiter.

100 Gebet acht, ihr kleinen Eulchen,
Werdet klug und lauscht dem Alten:
Ich, der Uhu, Oberuhu,
Seh' die Dinge sich gestalten,

101 Kleine Eulchen, euch zum Nutzen!
Wachst und wartet noch ein Weilchen;
Hurtig flattert ein Jahrtausend;
Werdet Eulen, kleine Eulchen.

102 Hurtig flattert ein Jahrtausend;
Seid ihr stark und klug geworden,
Geb' ich euch ein großes Erbe;
All den Süden, all den Norden.

103 Kratzt euch drum; der schärfsten Klaue
Wird das beste Stück zuteile:
Jene Welt ist für die Katze,
Diese Welt gehört der Eule."

3.

04 Sprach der Abt: „Sooft ich reite
Durch den Wald an Sommertagen,
Regt sich traumhaft im Gemüte
Längst entwöhntes Wohlbehagen.

105 Schattenkühle, Tempelstille,
Kaum ein Wispeln in den Zweigen,
Duft'ger Hauch aus Moos und Binsen,
Alles ist so hold und eigen.

106 Und die Gabelweih' dort oben –
Elmar, halt dich straff im Bügel!
Deine Stute, fast zu lustig,
Schäumt und drängt in Zaum und Zügel."

107 Diethelm drauf: „Der Klostergerste
Hat sie lang und satt gegessen:
Still, Gerswinda, wilde Docke!
Auch daheim wird gut gemessen.

108 Doch mit Gunst, ihr buchgelehrten
Frommen Herrn, ich muss erstaunen,
Seh' ich euch die Hengste tummeln,
Hier den Fuchs und dort den Braunen!"

109 Drauf Warin: „Im Psalter fingert
Mancher, der in Jugendtagen
Durch die Welt auf Rossesrücken
Sturmgewand und Schwert getragen."

110 Markward sprach: „Zu einem Kranken
Geht die Fahrt, zu ernsten Dingen,
Sonst, wie würd' aus Knappenkehlen
Herrlich hier ein Stabreim klingen;

111 Einer von den freudigfrischen,
Die man sang vor vielen Jahren,
Als noch zwischen Rhein und Elbe
Mein die Berg' und Täler waren." –

112 Rief der greise Eschenburger:
„Falk, gesegnet sei die Stunde:
Sieh, dort springt der falsche Bronnen,
Und du bist auf eignem Grunde!

113 Falk, du bist auf eignem Boden,
Sieh, dort springt der falsche Bronnen!
Grüß die Mark; du hast dein teures
Vätererbe neu gewonnen."

114 Schweigsam war der Falk geritten,
Tief versenkt in ernstes Sinnen:
Heim, – zu ihr! – Und eine Träne
Fühlt' er auf die Wange rinnen.

115 Heim, zu ihr! – Die beiden Arme
Hätt' um jeden Stamm er legen,
O, er hätte Stein und Erde,
Blatt und Blume küssen mögen!

116 Und sein blondes Haupt entblößend,
Sprach er weich: „Vor vierzig Wochen,
Als ich schied von dieser Stelle,
War ich mutlos und gebrochen.

117 Rettung kam dem Rettungslosen
Unverdient; in Not und Schmerzen
Halfen mir, dem Weltverlassnen,
Gott und gute Menschenherzen."

118 Sprach der Abt: „Du halfst der Hilfe!
Hinter dir ein nächtlich Tosen,
Vor dir heitrer Morgenhimmel" –
Markward sprach: „Und – rote Rosen!"

119 Wo der Weg sich trennt vom Wege,
Schwenkte Diethelm rechts zur Seite:
„Falk, beliebt es dir, ich führe
Heim zum Hof jetzt unsre Leute.

120 Siehst du dort den neuen Giebel?
Bodo baute seinen Erben
Einen Saal; sich lässt er zimmern
Einen Sarg – er liegt im Sterben!"

4.

121 Auf dem Hof zu Bodinkthorpe
Lastete ein dumpfes Schweigen;
Stumm der Wind und stumm der Vogel
In der Linde düstern Zweigen.

122 Nur der Röhrborn rauscht' und rauschte
Fort und fort und schäumt' und schäumte;
Aiga kam mit ihrem Kruge,
Stellt' ihn unter, träumt' und träumte.

123 Und der Krug floss lange über,
Und das Wasser schäumt' und rauschte,
Rauscht' und schäumte, und das Mädchen
Stand und stand, wie wenn es lauschte.

124 In der Hand die wollne Mütze,
Lief vom Herrenhaus zur Scheuer
Und zurück zum Herrenhause
Wie betäubt der alte Meier.

125 Hier wie dort, in Stall und Schuppen
Schalt er säumig Mägd' und Knechte,
Und geschah, was er befohlen,
War es dennoch nicht das Rechte.

126 „Arnd, du triebst den Schecken müde!
Gerd, was stierst du so verdrossen?
Friedebrand, wie dir geheißen,
Sahst du nach des Bischofs Rossen?

127 Kleine Aiga, schläfst du wieder?
Hast du Schick und Dienst vergessen?
Seit der braune Strolch entlaufen,
Bist du dumm und wie besessen."

128 Aiga ballt' ihr rundes Fäustchen,
Doch als ihr die Zähren rannen,
Lachte sie, und ohne Antwort
Flog sie mit dem Krug von dannen,

129 Fort zum Saal. – Indes der bleiche
Bote war hindurchgeschritten:
Auf den Polstern lag ein Müder
Hingestreckt, der ausgelitten.

130 Schlaf umfing ihn weich und linde;
Nicht der traumgequälte, bange,
Nein, der tiefe, friedenvolle,
Ungestörte lange, lange.

131 Ihm zu Häupten Hildegunde,
Vorgebeugt, wie wenn sie früge,
Ob es wahr, ob wirklich stockten
Die geliebten Atemzüge?

132 Zuckte nicht die blaue Lippe?
Schien sich nicht die Brust zu dehnen? –
Stumm und tot! Und niedersinkend
Brach sie aus in bittre Tränen.

133 Kniend bei dem Heimgegangnen,
Rang der Bischof im Gebete,
Badurad, der für des Freundes
Sel'ge Fahrt und Urständ flehte.

134 Heut noch hatt' er milde Worte
Von der Welt, die quält und kränket,
Von der Welt, die sühnt und sänftigt,
Trostvoll ihm ins Herz versenket;

135 Hatt' ihm dargereicht das letzte
Liebesmahl, die Himmelsspeise,
Und die wandermüden Füße
Ihm gesalbt zur letzten Reise.

136 Draußen harrte auf die Sichel
Reicher Fluren goldne Spende;
Drinnen war die strenge, raue
Schnitterarbeit schon zu Ende.

137 Und ein Falter flog am Laden,
Und die Sonne schien so heiter,
Und ihr Lichtstreif auf dem Estrich
Rückte langsam, langsam weiter.

138 Plötzlich schrak empor die Jungfrau;
In die Halle traten leise
Elmar mit dem Eschenburger,
Markward und Warin, die Greise.

139 O wie schoss der Kummerbleichen
Jäh das Blut in Stirn' und Wange!
„Elmar! – Er ist tot! Er hoffte,
O, er harrte dein so lange!

140 Seht, o seht, ehrwürd'ge Väter.
Edler Rab! – Er hoffte immer:
Elmar, als er sterben musste,
Rief er dich, doch kamst du nimmer!"

141 Elmar nahm die Hand des Toten
Und die ihre: „Hildegunde,
Leid war unser Los, und leidvoll
Ist des Wiedersehens Stunde."

142 Sprach der Bischof: „Tränen trocknen;
Glücklich, wer gesät im Harme;
Denn in Freuden wird er ernten:
Elmar, komm in meine Arme!

143 Dir und euch, ihr frommen Brüder,
Hab' ich, wie mir aufgetragen,
Dieses Toten letzte Wünsche
Mit dem letzten Gruß zu sagen.

144 Falk, so er durch menschlich Fehlen
Mit versah, was du gelitten:
Zeih ihn nicht; der stumme Schläfer
Lässt dich um Vergebung bitten.

145 Abt Warin, gern hätt' er selber
Euch gedankt; ich soll Euch danken
Für die Bergung, für die Pflege
Eines Flüchtlings, eines Kranken;

146 Euch für alles, guter Prior,
Was Ihr Holdes an ihm übtet,
Und zumal, dass Ihr ihn lehrtet,
Und zumeist, dass Ihr ihn liebtet.

147 Eins nur macht' ihm hart das Scheiden,
Der Gedanke, schwer zu fassen,
Dies sein Kind, sein teures Kleinod,
In der Welt allein zu lassen.

148 Nicht allein! Sein teures Kleinod
Bat er mich mit seinem Segen,
Elmar, so dein Herz ihm offen,
An dein treues Herz zu legen."

149 Und der Falk, die Arme breitend:
„Du mein Bangen und Verlangen,
Hilda, kommst du?" – Der Erlöste
Hielt die Weinende umfangen. –

150 Sprach der Bischof: „Amen, Amen!"
Auf die Knie sanken alle;
Friedensgeister, Gottes Engel,
Schwebten durch die stille Halle.

XXV. Schluss

1 Und nun ist mein Lied zu Ende,
Und ich hab' es doch gesungen,
Alter Uhu, dir zum Trotze,
Dir und deinen Lästerungen.

2 Manchmal wollt' ich schier verzagen,
Dacht' ich an dein bittres Höhnen,
Sah ich deine Schlote rauchen,
Hört' ich deine Hämmer dröhnen;

3 Drang zu meiner weltvergessnen
Siedelei im Wasserschlosse
Das Gewieher und Gebrause
Deiner dampfbeschwingten Rosse.

4 Denn die Zeit ist schwer; ehrwürd'ge
Heil'ge Satzung wird zur Fabel,
Recht zu Aberwitz; aus Trümmern
Baut der Wahn ein neues Babel;

5 Wild die Herzen, feil die Treue,
Gold und Macht die höchsten Götter,
Und den Altar unterwühlen
Hier die Heuchler, dort die Spötter.

6 O, die Zeit ist schwer geworden,
Und mich mahnt ihr wirres Rauschen;
Anderm Saitenspiel als solchem,
Andrer Lehre will sie lauschen.

7 Doch, was quillt, das muss zutage,
Und in langen Winternächten
Fuhr ich fort, getrosten Mutes,
Einsam Reim an Reim zu flechten.

8 Nicht für viele, nicht für manche;
Nur für diesen, nur für jenen,
Der abseits der großen Straße
Horchen mag verlornen Tönen:

9 Wie zu einer Waldkapelle
Nicht im Feierzug die Frommen,
Doch abseits der großen Straße
Jägersmann und Pilgrim kommen,

10 Die allein, gebückten Hauptes
Durch das niedre Pförtlein treten,
Um am kleinen staubbedeckten
Holzaltare still zu beten;

11 Scheidend dann zu dürren Kränzen,
Die sich sacht im Winde regen,
Wohl als Opferspend' ein armes
Reis von ihrem Hut zu legen. –

12 Helf' uns Gott den Weg zur Heimat
Aus dem Erdenelend finden:
Betet für den armen Schreiber,
Schließt der Sang von Dreizehnlinden!

Erläuterungen des Dichters

Dem vielseitig geäußerten Wunsche, dass in einer neuen Auflage dieses Buches die sachlichen Anmerkungen vermehrt und einige ungewöhnliche Wörter ausgedeutet werden möchten, habe ich nachkommen zu müssen geglaubt und meine, genug, wenn nicht zu viel getan zu haben. Der weit entrückte geschichtliche Hintergrund des Stoffes, sein Hinübergreifen in alte Rechtsverhältnisse, in Sagen- und Märchenwelt und germanischen Götterkultus führen auf Gebiete, die unserer sonst anerkennenswerten Durchschnittsbildung zu fern liegen, als dass einige erklärende Winke zum Verständnis entbehrlich wären. Sie mögen auch das Gute haben, den einen und andern auf die tiefsinnige Symbolik unserer Mythologie aufmerksam zu machen, die noch viel zu wenig gekannt ist, während wir die Götter und Göttinnen des Olymps, die großen samt den kleinen, an den Fingern herzählen. – Des Altertümelns in der Sprache, so verlockend sich auch die Gelegenheit vielfach darbot, habe ich mich mit Fleiß enthalten. Die Grenze zwischen Statthaftem und Unstatthaftem ist schwer zu ziehen; ich denke, sie nicht überschritten zu haben, wenn ich manchem guten deutschen Worte, das aus unserem durch widerwärtigen fremdländischen Wulst täglich mehr gefälschten und überladenen Sprachschatze zu verschwinden droht, sein Recht zu wahren suchte.
Über den Namen *Dreizehnlinden* sei bemerkt, dass er auf geschichtliche Unterlage keinen Anspruch macht. Will sich jemand die altehrwürdige Benediktinerabtei Corvey an der Weser darunter vorstellen, so hat er den Vorteil, zu finden, dass Gründungszeit, Lage und Umgegend derselben mit den von mir gegebenen Schilderungen nicht in Widerspruch stehen. Diese selbst sind freie, in den Rahmen der Geschichte eingefügte Dichtung. Sie fallen in die Regierungszeit Ludwigs des Frommen, etwa in die Jahre 822 und 823. Der Schauplatz ist der *Nethegau*, der den nördlichen Teil des jetzigen Kreises Warburg und den Kreis Höxter, mit Ausnahme der zum Wetigau gehörigen Ämter Nieheim und Steinheim, mithin etwa das Flussgebiet der Nethe, umfasste. Die Stadt Höxter selbst gehörte zum Pagus Auga. Vgl. „Der Nethegau" von W. E. Giefers, Münster 1842, woselbst die Gaugrenzen sorgfältiger bestimmt sind als in Falkes Codex traditionum Corbejensium.

II. Das Kloster

Str. 22: *Balder*, der Phol des Merseburger Heilspruches, der Sohn Wodans und der Frigga, war der mildeste der germanischen Götter, gütig, sanft, schön, wohlredend und von stetem Glanz umstrahlt: die lichte Hälfte des Jahres, im Gegensatz zu seinem blinden Bruder Höder, dem Symbol des abnehmenden Lichtes, der finsteren Jahreshälfte.

Str. 37: *Der Mäonide*, Homer.
Str. 38: *Der letzte Römer*, Tacitus.

III. Auf dem Habichtshofe

Str. 12: *Brünne*, Panzer, thorax, „ein schönes, aus brinnen, leuchten, entspringendes Wort, das sich statt Panzer hätte im lebendigen Gebrauch erhalten sollen". Deutsches Wörterbuch der Brüder Grimm II, 435.
Str. 16: Das Ross war den Sachsen heilig, es war ihr Opfer- und Wappentier, ein weißes Pferd im roten Felde. Der Brauch, die Giebel der Bauernhäuser mit pferdekopfähnlichen Spitzen zu verzieren, ist uralt und besteht hin und wieder noch heute.
Str. 30: *Drude*, Zauberin, Wahrsagerin, Priesterin. Die aus der Geschichte bekannte Velleda war eine Drude. – Das *Stäbewerfen* geschah in der Weise, dass man den Zweig eines fruchttragenden Baumes, der Buche – daher die Bezeichnung Buchstaben –, in kurze Stäbchen zerschnitt, diesen ein Schriftzeichen, eine Rune, einritzte, sie über ein weißes Tuch streute, eines oder mehrere derselben unter Anrufung der Götter aufhob und sie nach dem Zeichen, welches sie trugen, ausdeutete.
Str. 34: *Badurad*, der zweite Bischof von Paderborn, war, wie sein Vorgänger Hathumar, dem er 815 nachfolgte, ein edler Sachse; ein frommer und kluger Herr, der sich in den 47 Jahren seines Kirchenregiments große Verdienste um das Land erworben hat.
Str. 37: *Wodan*, der nordische *Odin*, der vielnamige Vater der Götter und Menschen und der höchste Gebieter des Himmels und der Erde.
Str. 39: Die Edda hat uns drei treffliche Spruchgedichte voll Lebensweisheit aufbewahrt, das Hawamal, Loddfafnirslied und Odins Runenlied. Simrocks Edda 41. 57. 61.
Str. 40: *Donar*, der nordische *Thor*, der Donnergott, Wodans und Friggas Sohn, nach seinem Vater der stärkste und gefürchtetste der Asen. Er fuhr auf einem schwer rollenden, von Böcken gezogenen Wagen durch die Wolken und schleuderte die schrecklichste der Waffen, seinen Hammer Mjölnir, den Zermalmer, den Blitz. – Er stand in stetem Kampfe mit den Thursen, den im hohen Norden wohnenden Eisriesen. Sommerwetter und Winterkälte sind sich feindlich. – *Die Prophezeiung der Wala*, die Wöluspa, ist eine tiefsinnige Dichtung der älteren Edda, in welcher die Götterdämmerung, d.h. der Untergang der Götter und des ganzen Weltalls und die Verjüngung desselben, vorhergesagt wird.
Str. 50: Vgl. die Anmerkung zu XIII, Str. 42.
Str. 51: *Wikinge* hießen die nordischen Seehelden, Seekönige, die nah und fern Kriegs- und Beutezüge unternahmen. – *Lodenkoller*, Wams aus zottigem Wollstoff.

Str. 56: *Thoralil* statt lille Thora, eine in den dänischen Volksliedern sehr gewöhnliche Schmeichelform wie Elselil, Mettelil, Swanelil, Signelil usw.
Str. 59: *Holla, Holda*, im Volksmunde *Frau Holle*, ein guter, holder Geist. – Sie wohnt im Wald, am Quell und hat Macht über die Wolken; durch Aufschütteln ihres Federbettes verursacht sie den Schnee. Sie beaufsichtigt die Spinnerinnen und hilft den fleißigen; den trägen aber zaust und brennt sie den Rocken. – In den heiligen zwölf Nächten – vgl. die Anmerkung zu XVI, Str. 12 – muss sie mit dem wütenden Heer fahren.
Str. 68: *Schalk*, hier in der ursprünglichen Bedeutung Knecht; doch hat das Wort schon bei Gottfried von Straßburg, Freidank und Hartmann von Aue den heutigen Sinn eines losen und schlauen Menschen. Grimms Deutsche Rechtsaltertümer 503.
Str. 72: Die *Nornen*, die drei weisen Schicksalsgöttinnen, den Parzen vergleichbar, Jungfrauen, deren Schönheit nie altert, Vergangenheit, Gegenwart und Zukunft, Urd, Wärenda und Skuld, sitzen am Zeitenborn unter dem großen Weltbaum, der Esche Ygdrasil, und lenken alle Schicksale.
Str. 73: Das *Wendelmeer*, der große Ozean am Ende der Welt. Graffs Ahd. Sprachschatz II. 820.
Str. 74: *Wodan* wurde in herrlicher Heldengestalt gedacht, mit Goldhelm und reichem Harnisch, den Spieß in der Hand; oder als einäugiger langbärtiger Greis, in blauem Sternenmantel, zwei Raben auf den Schultern, zwei Wölfe zu den Füßen und den Himmelswagen über seinem Haupte. Doch liebte er, sich zu verhüllen, und erschien bald als Fußwanderer, als hochbetagter Mann; mit breitkrempigem, tief ins Gesicht gedrücktem Hute, bald als riesenhafter nächtlicher Reiter an der Spitze der wilden Jagd. Er war das Sinnbild des blauen Himmelsgewölbes mit seinen Lichtern.
Str. 81: *Freia*, die blondlockige Göttin der Liebe und Treue, nach Frigga, der Gattin Wodans, die vornehmste unter den weiblichen Asen. Ein Bildnis von ihr, welches zu Magdeburg hoch verehrt wurde, zerstörte Karl d. Gr. – Freias Rocken hießen die drei Sterne im Gürtel des Orion. Grimms Deutsche Mythologie, 2. Aufl. S. 689.
Str. 83: *Wodans* altes Heer sind die Toten. – *Ragnar Lodbrok*, dänischer Oberkönig in Lethra, Leire, dem alten Königssitz bei Roeskilde am Isefjord auf Seeland. Das Sterbelied desselben, Lodbrokarquida, ist uns erhalten. Seine Söhne rächten an König Ella des Vaters Tod.
Str. 85: *Schoss*, zusammen *geschossenes* Geld, Abgabe, Steuer. – Die Unterkönige hatten an den Oberkönig einen jährlichen Tribut zu entrichten und hießen darum Schosskönige. Reguli, alterius ditioni subjecti, partem imperii pro certo pendendo vectigali tenebant. Ihre, Glossar. Sviogoth. s. v. Konung.
Str. 90: *Drost*, dänisch Drot, Herrscher, schwedisch nur die weibliche Form

Drottning, Königin; später Landvogt, Amtshauptmann, vicarius regis. Deutsches Wörterbuch der Brüder Grimm II. 1437.
Str. 101: Der *Helweg* führte zur schwarz-weißen Hel, Hela, der Beherrscherin der Unterwelt.
Str. 106: *Waffen*, Wâfen, alter Not- und Hilfeschrei.
Str. 111: *Wodans Ross*, Sleipnir, war achtfüßig; es überholte den Sturm und ermüdete nie.
Str. 121: *Schweigen*, im aktiven Sinne, zum Schweigen bringen.

IV. Die Mette
Str. 11: *Durindane*, das Schwert, *Olifant*, das Horn des jugendlichen Helden Roland, der in der Schlacht von Ronzeval sein Leben ließ.
Str. 20: Im Jahre 782 hatten sich die Sachsen unter Widukind von Neuem gegen die Franken empört und ihnen am Süntel eine vernichtende Niederlage beigebracht. Karl eilte mit starker Macht herbei, unterwarf und verwüstete das Land und hielt ein schreckliches Strafgericht über die Aufrührer, indem er zu *Verden* an der Aller 4 500 der angesehensten an einem Tage enthaupten ließ. Einhard, des Königs Geheimschreiber, übergeht in seiner Vita Caroli M. diese Bluttat mit Schweigen; in seinen Annalen sowie in den Annales Laurissenses und Fuldenses ad a. 782 wird sie erzählt; ebenso von dem höfischen Schmeichler Poeta Saxo, der überall nur dem Einhard nachschreibt, mit folgenden Versen:

Tradita sunt sane reliquorum bis duo leto
Millia quingentique viri, qui tam grave bellum
Jllius (Widukindi) contra Francos gessere suasu,
Hosque die cunctos rex decollaverat una
Juxta Alarum fluvium, locus idem Ferdi vocatur.

Pertz, Monum. Germ. hist. Scriptores I. 238. – Dieser Poeta Saxo, weder Poet noch Sachse, scheint den Greuel für eine Großtat angesehen zu haben, indem er ihn seinem gefeierten Könige als eigenhändiges Werk beimisst.
Str. 28: Der *Stagirit*, Aristoteles, so benannt nach seinem Geburtsort Stagira in Mazedonien.
Str. 37: *Winfried*, der hl. Bonifatius, der Apostel der Deutschen, veranlasste im Jahre 744 den Abt Sturmi, das Kloster Fulda zu bauen. *Rabanus Maurus* wirkte an der mit dem Kloster verbundenen Schule als weitberühmter Lehrer.
Str. 43: *Hathumar*, der erste eigene Bischof von Paderborn. Er zeichnete sich durch seine Menschenfreundlichkeit aus.
Str. 71: Von dem sagenhaften Vogel *Karadrius* wurde geglaubt, er könne, indem er einen Kranken ansehe, den Krankheitsstoff in sich aufnehmen und sich durch Auffliegen zur Sonne wieder davon befreien. Bezzenbergers Freidank 198. 435.

Str. 90: *Schächer* ist in dem Sinne Räuber und Mörder nur noch als bekannte Bezeichnung der beiden mit Christus gekreuzigten Übeltäter im Gebrauch geblieben.
Str. 98: Als Verfasser der bekannten Disticha de moribus, zweizeiliger Denkverse, die seit dem 4. Jahrhundert fleißig in den Schulen gelesen wurden, wird Magnus Dionysius *Cato* genannt, ein Stoiker, der gegen 160 n. Chr. lebte. – *Älius Donatus* lebte um 353 zu Rom. Seine Schrift De octo partibus orationis, eine Art Grammatik, war in den Schulen des Mittelalters das gewöhnliche Lehrbuch der lateinischen Sprache.
Str. 103: Für bestimmte Stunden schrieb die Klosterregel Stillschweigen vor. Als Aushilfsmittel bedienten sich die Mönche der Finger- und Zeichensprache.
Str. 111: *Miklagard*, der große Hof, Byzanz.

V. Am Opfersteine
Str. 8: Unser gelehrter Altertumsforscher Prof. Dr. Giefers behauptet, auf gute Gründe gestützt, dass die *Irminsäule*, ein riesenhafter Baumstamm, das Nationalheiligtum der Sachsen, nicht, wie man früher annahm, bei Marsberg an der Diemel, sondern auf der Iburg, dem Schlossberg bei Driburg, gestanden habe.
Str. 22: *Donars Hammer* war nicht allein ein zermalmendes, sondern auch ein weihendes und segnendes Werkzeug. Das Hammerzeichen ähnelte dem Kreuze. – Betende und beichtende Christen schauten gen Osten, betende und opfernde Heiden gen *Norden*. Grimms D. Myth. 31.
Str. 24: *Ungezwagt* von zwagen, waschen. Dem Hans Sachs war das Wort noch geläufig; jetzt ist es gänzlich veraltet und wird hier im Sinne einer hergebrachten gottesdienstlichen Formel gebraucht.
Str. 25: *Balders*, des Lichtgottes, *Sterbetag* wurde zur Zeit der Sommersonnenwende gefeiert, wo die Tage anfangen, sich zu kürzen. Der Mythus erzählt, dass ihn sein blinder Bruder Höder absichtslos mit einem Mistelzweige getötet und dass ihm auf dem Scheiterhaufen sein trauernder Vater Wodan rätselhafte Worte ins Ohr geflüstert habe. Grimms D. Myth. 201.
Str. 28: Die Worte, die Wodan seinem Sohne Balder auf dem Scheiterhaufen zuflüsterte, scheinen ein Mysterium gewesen zu sein; in der Edda sind sie nirgends mitgeteilt.
Str. 29: *Die Nimmersatte*, Hela, die Unterwelt.
Str. 30: *Der Himmelshüne*, Hävenhüne, Wodan. Grimms D. Myth. 142.
Str. 32: Nach der Ansicht der altgermanischen Völker liegt der südlichen Feuerwelt, *Muspilheim*, die nördliche Nebelwelt, *Niflheim*, gegenüber. Von jener geht Licht und Wärme, von dieser Dunkelheit und Kälte aus. Der König der

Ersteren heißt Surtur, der Schwarze. – *Muspels Söhne*, die Flammen, reiten beim Einbrechen der Götterdämmerung auf glutfarbigen Rossen gen Norden und verbrennen die ganze Welt. – *Muspilli, Mudspelli* ist die uralte heidnische und nachmals christliche Bezeichnung des Weltbrandes; im Heliland bedeutet Mudspelli an mehreren Stellen das Feuer des Jüngsten Tages; ebenso Muspilli in dem von Schmeller unter diesem Namen herausgegebenen Bruchstücke eines altbayrischen Gedichts. Grimms D. Myth. 525. 568. Simrocks D. Myth. 128. 129. Lindemanns Geschichte der d. Literatur 12.

Str. 32: Über den Untergang und die Erneuerung der Welt vgl. unten die Anmerkung zu XX, Str. 24.

Str. 35: *Der Niemalsausgesprochene*, Allvater, der Gott der Götter, das höchste, allwaltende, unsichtbare Wesen von größter Vollkommenheit, der ahnungsvolle Begriff des christlichen Gottes. Er wurde nicht in Tempeln, sondern in stillen Wäldern verehrt. Wodan trägt oft seinen Namen, doch ist dieser – in manchen Stücken dem Zeus und Jupiter der Hellenen und Römer vergleichbar – das mehr persönlich gedachte und menschlich ausgeprägte Oberhaupt der Asen, d.h. der hohen Götter.

Str. 36: *Das Friedenskind*, fridu-barn godes oder fridubarn allein, im Heliland die häufigste Bezeichnung des Erlösers.

Str. 44: Die weißeste Blume des Nordens wurde Baldersbra, Balders Augenbraue genannt; mutmaßlich ist die Kamille gemeint.

Str. 48: Bei Opfern und Festmahlen wurde die *Minne*, das Gedächtnis der Götter, getrunken. In christlicher Zeit übertrug sich die Sitte auf die Heiligen; so gab es eine Martinsminne, Stephanusminne, Gertrudenminne, Johannesminne usw.; Letztere, als Johannessegen bekannt, wurde Scheidenden und Reisenden gebracht, um ihnen gute Fahrt und Herberge anzuwünschen. Simrocks D. Myth. 489.

VI. Das Erntefest

Str. 8: Die Sitte, von den Feld- und Gartenfrüchten einen Rest für die segnende Gottheit zurückzulassen, hat an manchen Orten bis zum Anfang des 19. Jahrhunderts fortbestanden.

Str. 19: Jedem der sächsischen Gaue stand ein *Graf* vor, der vom Könige eingesetzt war und diesen als Richter und Verwalter vertrat. Unter Karl wurden zu diesem Amte nur Franken zugelassen; Ludwig der Fromme ernannte bereits edle Sachsen. Von Zeit zu Zeit schickte der Hof *Sendboten*, Missi regii, in die Gaue, deren Aufgabe es war, an Ort und Stelle die Geschäftsführung der Beamten zu untersuchen und Beschwerden der Eingesessenen anzuhören.

Str. 25: Den *hl. Meinulf*, Sohn eines sächsischen Edelings und der Wichtrud, ließ Kaiser Karl im Jahre 785 zu Paderborn taufen. Er wurde Archidiakon des

Bischofs Badurad und stiftete von seinem beträchtlichen Vermögen im Jahre 837 das Kloster Böddeken. Schatens Annalen I. 16. 112.

Str. 42: Der *Bilwiss*, dessen Name nach Grimms D. Myth. 440 aequum sciens bedeutet, ein elbisches Wesen, das in Bäumen und Bergen wohnt. Eine Sichel an den Fuß gebunden, geht oder reitet es auf einem Bocke durch das reifende Korn, und das Umgangene oder Umrittene ist ihm verfallen. Simrocks D. Myth. 421. Das Bilsenkraut scheint nach dem Bilwiss benannt zu sein.

Str. 81: Den *Wichten*, Erd- und Wassergeistern, wurde die Gabe beigelegt, durch Spiel und süßen Gesang unwiderstehlich hinzureißen und zu bezaubern. Oberons Horn und der Rattenfänger von Hameln sowie viele Wasser- und Meermannssagen gehören hierher. Grimms D. Myth. 439. Simrocks D. Myth. 430.

Str. 85: *Goldemar* war, wie sein Bruder Elberich, ein Zwergkönig.

Str. 91: *Loden*, junge, schlank aufgeschossene Bäume.

Str. 103: Die heidnischen Sachsen aßen *Rossfleisch*; durch das Gesetz der Franken wurde es verboten.

Str. 106: Das Sonnenauge ist das des einäugigen Wodan. Siehe die Anmerkung zu III, Str. 73. – *Der Nimmermüde* ist einer von seinen vielen Beinamen; er heißt Wegtamr, der Wegzähmer, der viator indefessus des Saxo. Simrocks D. Myth. 167.

VIII. Die Drude

Str. 31: *Idis*, nordisch Disa, ist die Bezeichnung für Frauen und Jungfrauen, die höher als Irdische, geringer als Göttinnen angesehen wurden. Im Heliland heißt Idis, bei Otfried Itis, die hl. Jungfrau. Ihre, Glossar. Sviogoth. s. v. Disa, übersetzt Disa schlechthin mit Dea.

IX. Auf des Waldes Pfaden

Str. 10: *Wälder* und *Bäume* standen, wie im Altertume überhaupt, so besonders bei unseren Vorfahren in hohem Ansehen und waren vielfach Gegenstand frommer Verehrung. Einer Gottheit geweiht, durften sie nicht verletzt werden; man erinnere sich des sacrum nemus, castum nemus bei Tacitus, der incaedua silva, nunquam violata bei Ovid und Lukan. Ein solcher heiliger Baum, von welchem man glaubte, dass ein Gott in ihm wohne, war die Donareiche bei Geismar, unweit Fritzlar, die Winfried fällen ließ, und vielleicht auch die Irminsäule. Waldesstille und Einsamkeit stimmen die Seele zu Gebet und Betrachtung. – Bedenkt man, dass die christlichen Bekehrer vorzugsweise auf heidnischen Opferstätten ihre Kirchen zu erbauen pflegten, so dürfte manche unserer Berg- und Waldkapellen, die fast immer unter Eichen und Linden stehen, an altgeweihten Grund und germanischen Baumkultus erinnern. Sollte

nicht auch unsere liebe Sitte, den Christbaum zu schmücken, an denselben anlehnen? – Grimms D. Myth. 69. 613. Simrocks D. Myth. 477.
Str. 12: Tempel und heilige Haine wurden waffenlos, oft nur in *Fesseln* betreten. Tacitus erzählt von dem Walde der Semnonen, Germania 59: Est et alia luco reverentia: nemo nisi vinculo ligatus ingreditur, ut minor et postestatem numinis prae se ferens. – Unser Händefalten beim Gebet ist symbolische Selbstfesselung.

X. Auf der Dingstätte
Str. 1: Die unter freiem Himmel im Walde, unter Eiche und Linde, auf Au und Wiese, bei großen Steinen, in Gruben usw. öffentlich gepflogene gerichtliche Versammlung hieß *Ding*, Mahl, Ring, Sprache usw., der Ort Ding- oder Mahlstätte. Meist wurden jährlich zwei solcher Gerichtstage abgehalten, im Frühling zu St. Walburg und im Herbst zu St. Martin.
Str. 2: *Friggas heiliger Baum*, die Linde. – In der merowingischen und karolingischen Zeit teilte sich das Volk in *Edelinge*, nobiles, *Freie*, ingenui und *Unfreie*, servi. Zwischen den beiden Letzteren stand eine zahlreiche Klasse, die *Leute*, liti, lati, lazzi aldiones, homines pertinentes genannt, die zu persönlichen Diensten und Abgaben verpflichtet und den Unfreien ziemlich gleichgestellt waren. Zöpfls Deutsche Rechtsgeschichte II. 31.
Str. 3: Alhausen bei Driburg, der Geburtsort des Verfassers, hieß ehedem Aldingeshus, *Aldinghus*. Falkes Codex tradd. Corb. 232. 256. Der Name scheint die Stätte zu bezeichnen, an welcher ein Allding, ein Gaugericht gehalten wurde. Dazu stimmt die an einen uralten Lindenbaum sich knüpfende Sage, welcher auf nahem Anger stand und vor Jahren an den Schwiegersohn des damaligen Ortsvorstehers, einen Schreiner und Zimmermann, verkauft wurde.
Str. 6: Die altertümlichste Weise, offene Gerichtsstätten zu *hegen*, war die Einkreisung mit Haselzweigen und einer Schnur. Diese einfache Schutzwehr verlieh durch den allgemeinen Glauben an die Heiligkeit des Ortes genügenden Halt. Von festen Schranken und schirmenden Geländern sprechen erst spätere Urkunden. Grimms D. Rechtsaltert. 809.
Str. 7: Der *Frone*, Gerichtsdiener, war eine unverletzliche Person. Dem Gericht wurde ein besonderer Friede beigelegt. Das Beiwort frone, heilig, geweiht, galt vom Gericht, vom Richter und Boten so gut als von Gegenständen kirchlicher Verehrung. Grimms D. Rechtsaltert. 745.
Str. 14 und 28: Jeder Freie konnte nur von Standesgleichen, der Edeling nur von Edelingen gerichtet werden. Die *Schöffen* ernannte der Graf oder der Sendbote des Königs; sie wurden durch einen Eid zu der heiligen – rechten – Hand in Pflicht genommen und mussten sitzend das Urteil finden. Grimms D.

Rechtsaltert. 776. – Den *Umstand* bildete die außerhalb des Ringes stehende Menge, homines coram adstantes. Grimms D. Rechtsaltert. 769.

Str. 17 und 18: „Wer sich gegen den König verschwört oder empört, der werde mit dem Tode bestraft." Capitul. Paderbrunnense vom Jahre 785. 9. 10.

Str. 19: „Wer hinfort im Volke der Sachsen ungetauft sich verstecken will und zur Taufe zu kommen unterlässt und ein Heide bleiben will, der soll des Todes sterben." Capitul. Paderbrunnense 7.

Str. 23 und 41: *Mein*, falsch und Falschheit; noch erhalten in Meineid. *Meintat*, verbrecherische Tat.

Str. 26: *Übermögen*, überwinden. „Welcher den andern übermag, den schiebt er gänzlich in den Sack." Hans Sachs.

Str. 29: Der Angeklagte hatte sich persönlich oder durch einen *Fürsprech*, Sachwalt, zu verteidigen, Zeugen, *Urkundsmänner*, zu stellen oder in Ermangelung derselben sich durch den Aufruf von *Eideshelfern*, die mit ihm seine Unschuld beschworen, von der Anklage zu reinigen. Dieses Auffordern zur Eideshilfe hieß der *Leuteruf*, Leodecal. – Die Eideshelfer, aidi, sacramentales conjuratores, hatten nur de credulitate (sic!), nicht de veritate den Eid zu leisten. Zöpfls D. Rechtsgeschichte III. 401.

Str. 34: *Neiding*, verächtlicher Feigling, engl., schwed., norw. Niding, ags. Nidhing, isl. Nidinger, ein echt germanisches Scheltwort. Adelungs Wörterbuch s. v. Nid. Simrocks Übersetzung der Frithjofssage 57. 115.

Str. 55: Gylfi, König von Swithiot (Schweden), trat in Walhall, den Göttersaal, und sah „drei Hochsitze, einen über dem anderen, und auf jedem saß ein Mann. Er fragte, wie die Namen dieser Häuptlinge wären. Sein Führer antwortete: Der im untersten Hochsitze sei ein König und heiße *der Hohe*; der im nächsten heiße der *Ebenhohe*, und der im obersten heiße *der Dritte*". (Sa svarar er hann leiddi inn, at sá er i netza hásaet sat var konungr, oc heitir *Hár*, en thar naest er heitir *Jafnhár*, en sa ofarst er *Thridi* heitir.) Snorra-Edda, Gylfaginning, 2. Rask. S. 3. Die *Drei* aber waren der *eine* Odin.

Str. 57: Der Sprecher deutet auf die wiederholten Raub- und Vertilgungszüge, die Karl mit Feuer und Schwert gegen die Sachsen unternahm. Einhard, dessen Mitteilungen einen wenigstens halb amtlichen Charakter tragen und gewiss nicht übertrieben sind, erwähnt dieselben in seinen Annalen zu den Jahren 774. 783. 784. 785. Pertz SS. II. 155. 156. 167. An der erstbezeichneten Stelle heißt es: „Rex autem – priusquam eum Saxones venisse sentirent, tripartitum in eorum regiones misit exercitum, qui incendiis ac direptionibus cuncta devastavil, compluribus etiam Saxonum, qui resistere conati sunt, interfectis, cum ingenti praeda regressus est."

Str. 68: Iurare cum *sexta vel septima manu*, je nachdem man die Hand des Angeklagten mitzählte oder nicht. Zöpfls D. Rechtsgeschichte III. 403.

Str. 73: Den Eid *staben* bedeutet die Eidesformel vorsagen.
Str. 81: Hawamal 24. Simrocks Edda 44.
Str. 98: Als ein Zeichen der Betrachtung und Ruhe galt im Altertum die Beinverschränkung. Vgl. das schöne Lied Walthers v. d. Vogelweide: Ich saz ûf einem steine: dô dahte ich bein mit beine usw. Lachmanns Ausg. 8. 4. – Dem Richter war vorgeschrieben, dass er den rechten Fuß über den linken schlagen und, so die Sache unklar, er dieselbe 123 Mal (dreimal vierzig mit dreimaliger Zugabe) überlegen sollte. Grimms D. Rechtsaltertümer 763. Hundertzwanzig war das Großhundert, zehn Dutzend.
Str. 100: Das schwerste Verbrechen war *Verrat*, charakterisiert als Tötung einer Person oder Versetzung derselben in Lebensgefahr, wenn man ihr zu besonderer Treue verpflichtet war, gleichviel ob als Verwandtem, Freunde, Herrn oder Könige. Zöpfls D. Rechtsgeschichte III. 374. Die Schöffen sprachen den Falken wohl nur deshalb von der Anklage des Götzendienstes los, weil sie ihre eigene Glaubensreinheit nicht überall unanfechtbar wissen mochten. Christliches und Heidnisches mischte sich damals noch seltsam durcheinander.
Str. 111: Das Urteil konnte angefochten, *gescholten* werden; dann fand Entscheidung durch Zweikampf zwischen den Parteien, ein *Gottesurteil* (Ordale) oder Berufung an den König statt. Zöpfls D. Rechtsgeschichte II. 92. III. 397. – Äußeres Kennzeichen des *Freien* war das *lange, lockige Haar*; er hieß capillatus, crinitus. Ein Unfreier, der sich das Haar lang wachsen ließ, wurde mit fünf solidis bestraft. Grimms D. Rechtsaltertümer 283.
Str. 121: Das Capitulare de partibus Saxoniae seu Paderbrunnense vom Jahre 785 ist eine harte Gesetzgebung, die in den ersten zwölf Sätzen elf Mal die Todesstrafe verhängt, wo die Gesetze anderer Völker meist nur Strafgelder bestimmen. Sie hieß lex crudelissima. Zöpfls Deutsche Rechtsgeschichte I. 54. Ungleich milder ist das Capitulare Saxonicum vom Jahre 797, welches unter Zuziehung der sächsischen Edelinge zustande kam und sogar von getreuen Sachsen spricht.

XI. Vogelfrei
Str. 2: *Wieland*, der Zwergkönig, der Wölundr des Nordens und Galans le forgeron der kerlingischen Sage, war der kunstreichste Meister aller Schmiede.
Str. 19: Der *Alte*, Wodan.
Str. 36: Die Niederlage am *Süntel* im Jahre 782 hätte für die Franken fast so verderblich werden können, wie die Varusschlacht den Römern war, wenn die Sachsen nicht, statt ihren Sieg zu verfolgen, sich aufgelöst hätten und heimgegangen wären.
Str. 48: *Lägel*, ein Fässchen zum Mitnehmen von Getränk.

Str. 55: *Berserke*, Berserkr, Barhemd, waren nackte Kämpfer, die sich durch ihre wilde Wut hervortaten.
Str. 151: „Wenn jemand seine Zuflucht in eine Kirche genommen hat, soll ihn keiner mit Gewalt aus der Kirche treiben dürfen, sondern er habe Frieden." Capitul. Paderbr. 1.

XII. Der Landsturm
Str. 1 und 2: *Gülte*, jährliche Abgabe von einem Grundstücke. *Brüchte*, Strafe, mulcta.
Str. 4 und 5: *Öse*, *Aa* und *Brucht* sind Bäche, welche in die an der östlichen Abdachung des Osnings – des Teutoburgerwaldes – in Neuenheerse entspringende Nethe fließen; – die *Bever* fällt unweit Beverungen in die Weser. – Die Heilquelle zu Driburg am Fuße der alten *Iburg* ist weltbekannt.
Str. 19: An manchen niedersächsischen Orten ist *dumme Dutten* eine Bezeichnung für Riesen, plumpe, träge und schwachsinnige Menschen; norw. Dott, engl. Dotard. – Grimms D. Myth. 511.
Str. 42: *Der Eggeweg* ist eine uralte, über den Kamm des Osnings, die Wasserscheide zwischen Rhein und Weser, fortlaufende Fahrstraße, welche an der hier gemeinten Stelle den Nethegau vom Padergau schied.

XIII. Fieberträume
Str. 28: *Kolk*, Wasserloch, Strudel, eine in Niederdeutschland sehr gebräuchliche Bezeichnung. Deutsches Wörterbuch der Br. Grimm V. 1613.
Str. 34: Die *Dunkelblaue*, Hela, die Göttin der Unterwelt.
Str. 42: Schon zu Karls Lebzeiten erschienen die Normannen mit 200 Schiffen an den Küsten Frieslands, das damals unter der Botmäßigkeit der Franken stand, und richteten große Verwüstungen an. Einhards Annalen zu dem Jahr 810. Pertz' SS. I. 194. Später wurden die Raubzüge der kampflustigen Abenteurer häufiger und kühner, indem sie wiederholt mit ihren Langschiffen die großen Flüsse Frankreichs hinauffuhren und bis in das Herz des Landes vordrangen.
Str. 46: Nach nordischer Sitte wurde zur Ehre gefallener Krieger bei ihrer Bestattung das Graböl oder *Sterbeöl* – Ale, Bier – getrunken.
Str. 63: *Bragi*, Wodans und Friggas Sohn, der Gott der Weisheit, Dichtkunst und Beredsamkeit, der Apoll des Nordens. *Idun*, Iduna, die Göttin ewiger Jugend, Bragis Gattin, verwahrte in goldener Schale die Äpfel des Lebens, von denen selbst die Götter täglich essen mussten, um nicht zu altern.
Str. 64: *Walhall*, der Göttersaal und ewiger Wohnsitz der Helden, die in ehrlichem Kampfe gefallen waren.

XV. Fromme Mönche

Str. 36: *Middilgard*, im Heliland die Erde, als mittlere, zwischen der nördlichen Nebel- und der südlichen Feuerwelt gelegene Wohnung der Menschen.

Str. 56: Die Seherin schaut im Geiste den Kampf unter den Mauern Roms, der im Jahre 1155 zwischen den aufständischen Römern und dem soeben von Hadrian IV. zum Kaiser gekrönten *Friedrich Rotbart*, an dessen Seite *Heinrich der Löwe* focht, stattfand.

Str. 65: Die Drude spielt auf ein Lied der älteren Edda an, die Wegtamsquida, in welchem Wodan unter dem Namen Wegtamr, der Wanderer, bei der toten Wala in der Helaburg erscheint, um über das Schicksal des von allen Asen geliebten Balder, der durch schwere Träume beunruhigt wurde, Auskunft zu erlangen. Die unwillige Seherin erkennt sofort den Göttervater. Simrocks Edda 37.

XVI. Beim Weben und Nähen

Str. 12: In den *heiligen Zwölfen*, den zwölf Nächten zwischen Weihnachten und Dreikönigstag, der sonnenlosesten Zeit des Jahres, war nach dem Volksglauben den dunkeln Mächten Gewalt gegeben. Alsdann fuhr die wilde Jagd, Wuotans Heer, das wütende Heer, geführt von Hackelberg oder Hackelberend, durch die Lüfte. Hakolberand, der Mantelträger, ist ein Beiname Wodans, der als einäugiger Greis in breitkrempigem Hut und blauem Mantel gedacht wurde. Grimms D. Myth. 875. – Dass von den Bekehrern unserer heidnischen Vorfahren die alten Götter als feindselige Unholde dargestellt und somit ein Gegenstand des Grausens wurden, ist bekannt.

Str. 20: Der wilden Jagd fliegt eine *Eule* voraus, die Tutosel, Tutursel, die eine Nonne gewesen sein soll und nach ihrem Tode dem Hackelberend zugesellt wurde. Grimms D. Myth. 874.

Str. 40: Unter den Begriff des *kleinen Volks* fallen die dämonischen zwerghaften Wesen, die Wichte, Elben, Dinger und Holden heißen.

Str. 47: Den Zwergen, Bergmännchen, kleinen Leuten, die bekanntlich gute Schmiede waren, wurde wegen ihrer Beschäftigung mit dem Feuer rotes Haar und roter Bart beigelegt, wie auch Donar, der Wettergott, rotbärtig gedacht wurde; sie trugen rote Röckchen und rote Hütchen. In Frankreich heißen sie Chaperon rouge; Rotkäppchen kommt im deutschen Märchen vor. Simrocks D. Myth. 435.

Str. 52: *Kielkropf*, Missgeburt, Wechselbalg. Deutsches Wörterbuch der Brüder Grimm V. 680.

XVII. Des Priors Lehrsprüche

Str. 27: *Degen*, tüchtiger Kriegsmann. Im 15. – 18. Jahrh. war das Wort seltener im Gebrauch, bis es von Lessing, Wieland, Bürger, Goethe, Schiller u. a. wieder aufgenommen wurde.

Str. 55: Die Zeit der Karolinger gehört zu den düstersten und blutigsten Perioden der deutschen Geschichte.

Str. 59: In der *Wöluspa*, dem ersten Gesange der rhythmischen oder Sämundsedda, heißt es:

Unerhörtes ereignet sich, großer Ehbruch,
Beilalter, Schwertalter, wo Schilde krachen,
Windzeit, *Wolfszeit*, eh die Welt zerstürzt.

Simrocks Edda 10.

Str. 88: S. die Anm. zu XV, Str. 36.

Str. 98: Die Pluralform *Prächte* rechtfertigt sich durch mundartlichen Gebrauch im östlichen Westfalen. Über die sprachlich richtige Bildung aus dem alten *der* Pracht vgl. das Wörterbuch der Br. Grimm II. 285 unter Bracht und Weigands Deutsches Wörterbuch II. 379. Goethe bildete von *die* Pracht den Plural Prachten.

Str. 110: *Mimigardeford*, Münster. Mundartliche Anzeichen machen es höchstwahrscheinlich, dass der Sänger des Heliland zwischen Münster und Essen lebte. Lindemanns Geschichte d. d. Literatur 32.

Str. 120: Die rührende Legende von dem *blinden Beda*, dem Ehrwürdigen, dürfte durch Kosegartens Bearbeitung allgemein bekannt sein.

XVIII. Hildegundens Trauer

Str. 25: *Nenuphar*, alter Name der Seerose, Nymphaea.

Str. 57: *Meinen*, mit Zuneigung eingedenk sein, schwed. minnas, dän. minde. Siehe über das Minnetrinken die Anmerkung zu V, Str. 48. Minnen und meinen sind ursprünglich derselben Bedeutung.

Str. 73: Sich *verzeihen*, mit dem Genitiv, seine Ansprüche aufgeben. In dieser Form ist das Wort eigentlich nicht veraltet, doch ist verzichten gangbarer.

Str. 78: *Nächten*, in vergangener Nacht.

XIX. Elmar im Klostergarten

Str. 53: *Suhlen*, sich in einer Lache wälzen, vorzugsweise vom Schwarzwild gebräuchlich. – Der *Schrat*, Schretel. Pilosus, Silvanus, Faunus, Satyrus, ein unwirscher und ungeselliger Waldgeist, rau und zottig, mit zusammengewachsenen Augenbrauen, wohl ein Vetter des Bilwiss. Siehe die Anm. zu IX, Str. 12. Simrocks D. Myth. 422.

Str. 56: Das Verdienst der ersten Entdeckung des großen Weltkontinents in seinen nördlichen Teilen gebührt den Nordgermanen des zehnten Jahrhunderts. Für den Anachronismus wird um Nachsicht gebeten. – Die kühnen Seefahrer nannten die neue Welt Helluland it mikla, das große *Bergland*, – Labrador, und Vinland it goda, das gute *Weinland* – Massachusetts. Sie waren zu arm und standen noch auf einer zu niedrigen Bildungsstufe, als dass ihre Entdeckung eine welthistorische Bedeutung, wie die Wiederauffindung der tropischen Länder Amerikas durch Christoph Columbus, hätte erlangen können. Humboldts Kosmos II. 269.
Str. 67: *Ferge*, Fährmann; ein uraltes deutsches Wort. Graffs Althochd. Sprachschatz III. 588.

XX. Zwei Frauen
Str. 24: Wenn die Götterdämmerung, das Weltende, herannaht, erzählt die Wöluspa, heult der gefesselte *Fenriswolf*, ein furchtbares Ungeheuer; er zerreißt seine Kette und wütet durch die Welt. Das Meer gärt auf, und ans Land steigt die gespenstige *Midgardsschlange*, so groß, dass sie die ganze Erde umspannt. Die Riesen, die alten Feinde der Götter, rüsten sich zum Kampfe. Muspels feurige Söhne, von ihrem Könige Surtur, dem Allverbrenner, geführt, reiten vom Süden heran. Jetzt eilen die Götter und die Helden Walhalls ihren Widersachern entgegen auf das unermessliche *Wigridfeld*, vorauf Wodan mit seinem Goldhelm, dann Donar und die anderen hohen Asen. Wodan ringt gegen den Wolf lange und heftig, bis er von ihm verschlungen wird, Donar gegen die Schlange. Zwar erschlägt er sie mit seinem Hammer, doch neun Fuß von ihr entfernt stürzt er tot nieder von dem Gifte, das sie wider ihn gespien. Alle Götter fallen im Kampf, Surtur schleudert Feuer umher und verbrennt die Welt. Die Sonne wird schwarz, die Sterne sinken vom Himmel, die Erde vergeht im Meer, und die Zeiten sind zu Ende. „Da geht der Herr, der alles beherrscht, mit Macht aus den Wohnungen von oben hervor, um göttliche Urteile zu fällen und seine Sprüche auszusprechen; er endigt allen Streit und setzt fest eine heilige Schickung, die immerdar dauern wird." Und aus den Wellen taucht in ihrer Grüne eine neue Erde empor; die Sonne hat eine neue Tochter geboren, die in der Bahn der Mutter wandelt. Zwei Menschen, Mann und Weib, haben sich aus den Flammen gerettet. Sie nähren sich von Morgentau, und von ihnen stammt ein neues Geschlecht. – Die Asen aber werden wiedergeboren, sie sammeln sich auf Idas Ebene und erinnern sich der großen Beschlüsse aus der Vorzeit und der alten göttlichen Runen. Auch die wunderbaren goldenen Gesetztafeln werden wiedergefunden, welche die Götter im Zeitenanfang verloren hatten. So wohnten Götter und Menschen zusammen, freudig durch alle Alter, und es sind die Übel verbannt aus der Welt, und gebrochen ist die Macht des Bösen auf Erden. Alkuna von Legis 146.

XXI. Abt Warin

Str. 25: Bei ernsterem Unternehmen mahnte der Aberglaube, auf glückliche oder unglückliche Vorzeichen zu achten. Zu diesen gehörte neben dem *Traum* auch der *Angang,* das erste Begegnen. Jeder Tag hatte seinen Angang. Von günstiger Bedeutung waren junge Mädchen, Krieger, Wolf, Bär, Hirsch, Rabe usw.; von ungünstiger alte Frauen, Krüppel, Hase, Krähe, Kiebitz u. a. Grimms D. Myth. 1072. Simrocks D. Myth. 163. 510.

XXIII. Die wilde Katze

Str. 14: *Schimpf,* hier in der eigentlichen Bedeutung Scherz; häufig bei Hans Sachs.

Str. 67: *Frau Harke,* ein in manchen niedersächsischen Gegenden gefürchtetes, göttliches Wesen, eine eifrige Spinnerin, die in den heiligen Zwölfen mit der wilden Jagd durch die Lüfte fahren musste.

XXIV. Heimkehr

Str. 8: *Remter,* Speisesaal im Kloster, refectorium.

Str. 75: Auf Wodans Schultern saßen *zwei Raben,* Hugin und Munin, Gedanke und Erinnerung, die ihm, was in der Welt geschah, ins Ohr flüsterten. Simrocks D. Myth. 170. Vgl. die Anm. zu III, Str. 74.